DER FASZINIERENDE AUGENBLICK

Band 1 der Reihe Fotosammlungen
Bildarchiv Preußischer Kulturbesitz (bpk)

Fotografien von Friedrich Seidenstücker

Der faszinierende Augenblick

Herausgegeben vom
Bildarchiv Preußischer Kulturbesitz

Nicolaische Verlagsbuchhandlung Berlin

© 1987 Bildarchiv Preußischer Kulturbesitz (bpk), Berlin
Veröffentlicht bei der Nicolaischen Verlagsbuchhandlung
Beuermann GmbH, Berlin
Alle Rechte vorbehalten
Satz: Nagel Fototype, Berlin
Offsetlithos: O.R.T. Kirchner+Graser, Berlin
Druck: Passavia GmbH, Passau
Einband: Lüderitz und Bauer GmbH, Berlin
Gestaltung: Nicolaische Verlagsbuchhandlung
Umschlaggestaltung: Werner Kattner
Printed in Germany
ISBN 3-87584-208-1

Umschlagbild:
Selbstporträt mit Kamera, 1930
Alle Fotos befinden sich im Besitz des bpk,
sofern nichts anderes erwähnt ist.

INHALT

Friedrich Seidenstücker im Gipsmuseum der Friedrich-Wilhelms-Universität Berlin, Unter den Linden,
Foto mit Selbstauslöser, 1935

VORWORT

Mit diesem Band eröffnet das Bildarchiv Preußischer Kulturbesitz (bpk) eine Reihe, in der es fotografische Bestände der Stiftung Preußischer Kulturbesitz der Öffentlichkeit vorstellt. Zugleich verbindet es damit die Hoffnung, neben dem Interesse an – und der Neugierde auf – Fotografie auch die Sorge um den Erhalt dieser oft vernachlässigten Kulturgüter zu wecken.

Das bpk ist eine der wenigen Institutionen, die damit begonnen haben, nicht nur ganze Sammlungen und Nachlässe von Fotografen zu übernehmen (die dann in Kellern vergraben werden), sondern sie auch aufzuarbeiten, zu konservieren und zu verwerten. Grundlage dafür ist vor allem die Pflege des Negativbestandes bzw. der Diapositive sowie eine gründliche Bildrecherche; sogenannte Vintage Prints haben vorrangig musealen Wert. Neben seinen ›Gebrauchsfotos‹ verfügt das bpk heute über Bestände bzw. Verwertungsrechte von Fotografen wie Arthur Grimm, Hedda Walther, Erich Salomon, Charles Wilp, Hilmar Pabel u.a.

Den Nachlaß von Friedrich Seidenstücker konnte Roland Klemig – zusammen mit Werner Kourist – 1971 ausfindig machen, ohne zu dieser Zeit von einem möglichen ›künstlerischen‹ Wert dieser Entdeckung zu wissen. Mit Seidenstücker wird jetzt diese Reihe eröffnet. Das zeigt sowohl die Unwägbarkeiten im Umgang mit Kunst als auch die Berechtigung der Entscheidung auf, auch ganze Sammlungen von Fotografen und nicht nur bereits anerkannte künstlerische Einzelfotos zu übernehmen, deren Wert oft modernen Einschätzungen unterliegt.

Seidenstücker war kein spektakulärer Fotograf. Er hat es immer verstanden, ›privat‹ zu bleiben, mit dem Rücken zur Geschichte zu stehen – eine Haltung, die zu unterschiedlichen Bewertungen geführt hat. Geblieben ist das Bild eines Außenseiters, eines etwas skurrilen, aber liebenswerten fotografischen Flaneurs, der doch zugleich sein Bildmaterial archivierte, um es verwerten zu können.

In dieser Reihe des bpk soll nicht nur das Werk, sondern auch die Persönlichkeit des Fotografen in seiner Umwelt vorgestellt werden. Unterschiedliche Einschätzungen – von Sammlern, Händlern und Archivaren, freien und beamteten Künstlern (wobei sich die Rollen vermischen) – sind daher in diesen Band aufgenommen worden. Wir danken allen, die daran mitgewirkt und z.T. auch notwendigen Überarbeitungen zugestimmt haben. Unser Dank gilt Janos Frecot, Werner Kourist, Rolf Lobeck, Anna und Floris M. Neusüss sowie denen, die uns neben ihrem Wissen auch Leihgaben aus ihrem Besitz zur Verfügung gestellt haben, u.a. Fritz C. Gundlach, dem Museum für Kunst und Gewerbe in Hamburg, Jürgen Wilde und den genannten Frecot, Kourist und Neusüss sowie Gisela Abraham und Loni Hagelberg aus dem Freundeskreis und Dr. Ulrich Wolff aus der Familie Seidenstückers. Danken wollen wir auch Frau Grunz, Frau Jach und Frau Klein vom bpk für ihre Mithilfe.

Alle Fotos von Friedrich Seidenstücker stammen – bis auf wenige (ausgewiesene) Ausnahmen – aus dem Besitz des bpk. Soweit vorhanden sind Seidenstückers Bildlegenden (in Kursivschrift) eingesetzt worden; seine Texte sind – auf Wunsch des Leihgebers – in der Originalfassung wiedergegeben. Zusätzliche Bildlegenden haben wir möglichst knapp gehalten, oft ist nur das Datum der Aufnahme (soweit bekannt) angegeben.

In diesem Band haben wir auf die übliche Aneinanderreihung von Bildern verzichtet. Willkürliche Gegenüberstellungen und ›Gags‹ haben wir versucht zu vermeiden, auch wenn wir wissen, daß jede Auswahl zugleich Interpretation ist. Wir gestehen auch gerne Lücken in einem Band ein, in dem zum erstenmal ein solcher Überblick versucht wird, und hoffen auf Ergänzungen. Trotz ihrer Bedeutung für Seidenstücker haben wir nur wenige seiner Tierfotos aufgenommen; sie sind in anderen Veröffentlichungen bereits gewürdigt worden (siehe Auswahlbibliographie).

Wegen des Zoos ist Friedrich Seidenstücker nach Berlin gekommen – und hier geblieben. Wenn wir ihn an den Anfang einer neuen Reihe stellen, so ist das sowohl eine Reverenz an die Stadt, in der wir leben, als auch an einen Zeitgenossen, der immer ›Momentknipser‹ und nicht der berühmte Fotograf sein wollte, der er heute ist.

Roland Klemig / Karl Heinz Pütz
Berlin, im Mai 1987

Friedrich Seidenstücker in seiner Wohnung, Foto mit Selbstauslöser, vermutlich 1952

WIE ICH ANFING

Friedrich Seidenstücker
Berlin-Wilm., Bundesplatz 16
87 16 91

Die Art, wie ich anfing, ist schwer zu beschreiben, weil die Zeit zu weit zurückliegt und die Technik damals eine zu primitive war. Mein erstes Apparätchen, ich machte es mir selbst, aus der Linse einer Laterna-Magica, wie es bei Anfängen immer so üblich ist. Wenn Eltern wüßten, was aus ihren Kindern werden würde, so würde sie wohl manchmal nachhelfen wollen. Aber es kann niemand ahnen, weil die Kinder oft Eigenbrötler sind. Und niemand in ihre Absichten hineinsehen lassen wollen.

Meine Fotomethode war sehr primitiv und heute kaum zu verstehen. Mit den Fotoplatten Extra Rapid 6 x 9, später 6 $\frac{1}{2}$ mal 9 fing alles an. In primitivster Weise entwickelte ich mit den simpelsten Mitteln unter einer Reisedecke, die ich über mich legte, mit rotem Papier, das ich über eine kleine, runde Öffnung im Fußboden legte, so daß das Licht von unten kam. Also viel umständlicher kann man es nicht machen und zur Nachahmung kann ich es nicht empfehlen. Leider habe ich die ersten Resultate verloren und weggeworfen, fiel einem später leid genug. Das Fotografieren etwa 1895 mit sogenannten Schüler-Stativ-Apparaten natürlich mit Balgen-Kamera und Dunkeltuch kamen damals in Aufnahme. Daß ich Fachfotograf mal werden würde, habe ich nie geglaubt, und bin durch 2 andere Berufe gegangen, die nichts damit zu tun haben, Maschinenbau und Bildhauerei. Darüber will ich mich aber nicht länger verbreiten, weil es mit der Fotografie zu wenig zusammenhängt.

Der Anschluß der damaligen Amateurfotografie zur heutigen raffinierten Fototechnik ist kaum zu erzielen. Will aber wenigstens den Versuch machen, die Apparate aufzuzählen, die ich im Laufe der vielen Jahre benutzte. Magazin-Kamera (wird kaum jemand noch kennen), dann die Atelier-Kamera mit Stativ 13 x 18, mit der man gründlich arbeiten konnte. Eine Kodak-Klappkamera, eine Pupille von der Firma Nagel, dann eine 9 x 12 Taschen-Klappkamera. Viele Jahre meine Leib- und Magenkamera, mit der ich die besten Aufnahmen aus der Hand gemacht habe, auch Luftaufnahmen Berlin und Potsdam. Stativ- und Landschaftsaufnahmen habe ich erst spät gemacht, ich war immer Momentknipser. Schnelle Sachen waren immer meine Leidenschaft und lustige Motive, auch Sport, aber nie offizieller Sport, sondern gerade Amateursport. Das Nichtmaschinenmäßige, amateurhafte, das Menschliche war mir interessanter. Dann Tieraufnahmen. In ähnlicher Weise, immer aus der Hand. Später mit einer Spiegelreflex 9 x 9, auch mit guten Resultaten, die ich zum Benutzen später mich genierte, als die Leica allgemein wurde. Aber die Leica bekam ich sonderbarerweise nicht in die Hände. Ich habe sehr sehr lange eine kleine Taschen, Zeiss-Ikon-Kamera benutzt. Nie legte ich Wert drauf, daß man mich als Fotografen erkannte. Mir war es immer wichtig, heimlich und unbekannt Aufnahmen zu schießen. Humoristische Aufnahmen liebte ich immer sehr, bei Menschen und Tieren.

Das Übrige müssen dann meine beigefügten Aufnahmen selbst erläutern.

(1963/64 von Seidenstücker für die Zeitschrift »Photo-Informationen« geschrieben; nicht veröffentlicht. Aus: Privatsammlung Kassel)

Potsdamer Fischmarkt auf dem Wilhelmplatz, 1936

Kartoffelernte in Pommern, 1934

Kokskerls, Berlin, 1930

Auf der Strasse ist viel Platz, Berlin, 1928

Strassenarbeiter, Berlin, 1926

Foto um 1930

Hausputz, um 1930

Vor dem Bäckerladen, Berlin, 1929

Strandpromenade, um 1935

Handwerker, Berlin, um 1930

Abstellgleise, Berlin, 1932

Heimwerker, Berlin, um 1928

Enthäutung eines Rindes, Berlin, 1930

Schutzpolizei führt in der Waghäuslerstraße, Berlin-Wilmersdorf, einen Randalierer ab, 1931

Dienstmänner unter der Normaluhr am Bahnhof Zoo, Berlin, 1935

Zehlendorf, Argentinische Allee, Berlin, um 1940

Foto um 1934

27

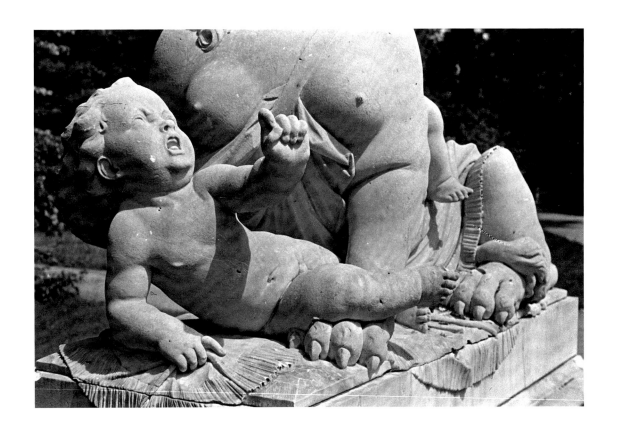

Berlin, um 1930

Foto um 1934

Diana-Statue vor der Nationalgalerie, Berlin, 1947

Foto um 1932

Foto um 1934

Foto um 1947

Schaufensterkunst GmbH, Berlin, 1930

Foto 1935

Foto 1942

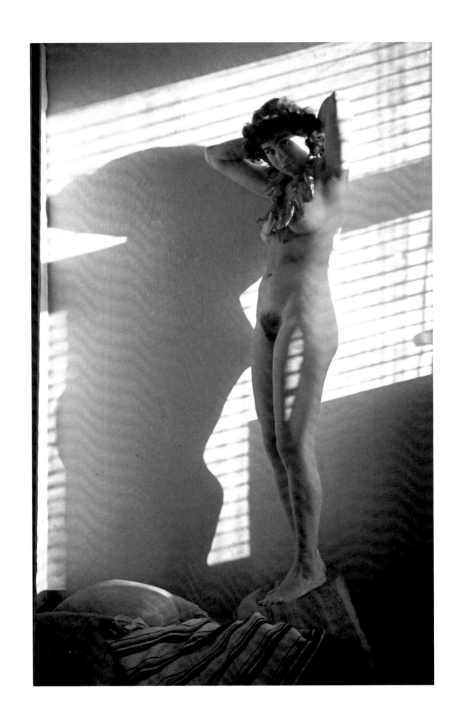

Foto 1942

Foto 1949/50

Foto um 1950

Berlin, Winter 1947/48

Siegesgöttin, Berlin, 1946

Berlin, 1946

Venus Tiergarten 1947 – jetzt gestohlen, Berlin, 1947

Denkmal der Königin Luise im Tiergarten, Berlin, 1947

Trümmerfrau in der Mauerstraße, Berlin, 1946

Schuhreparatur am Potsdamer Bahnhof, Berlin, 1946

Im Tiergarten (vor dem Denkmal des Johann von Buch), Berlin, 1947

Kleine Welt in Kreide, Berlin, 1949

Aufstieg der Begabten, Berlin, Rungestraße, um 1950

Die neue Isetta, Berlin, 1952

Spaziergang, Berlin, 1950

Große Wäsche, Berlin, um 1950

Die neue Kollektion im Sommergarten am Funkturm, Berlin, um 1950

Im Strandbad Wannsee, Berlin, 1949

Schönheitswettbewerb im Strandbad Wannsee, Berlin, 1949

Am Wannsee, Berlin, 1950

Im Strandbad Wannsee, Berlin, 1950

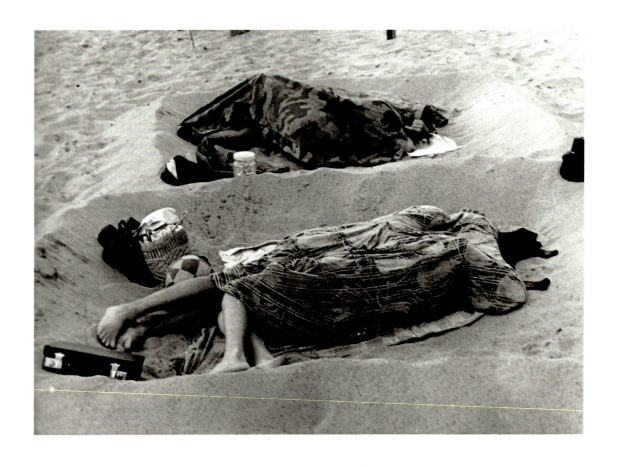

Wannsee 50, Berlin, 1950

Auf der Liegewiese, Berlin, um 1950

Stechlinsee, Brandenburg, um 1940

Foto um 1930

Mittwoch

Gisela, Du lachst dich kaputt wenn Du hörst ... nicht ich, meine Freundin Anita, meine, von ihr, eine Reise Aufnahmen gemacht habe. – Aber ich bin ganz nichts schuldig, sie hat davon angefangen. Vor lauter Aufregung habe ich vergessen, Dir zu schreiben:

Und dann noch was Drolliges: Schaller hat von Hoffnung Amt und deshalb eine gute Hoffnung bekommen, weil er ... muß bis Mai zu heiraten. So springt man mit den Männern um!

Heute will Karl, Dir Braut

Ich erwäge jetzt ernstlich die Kuverts mit eigener Adres=
se drucken zu lassen, zur Bequemlichkeit und Ansporn für
meine Bekannten. Ihre Adresse z.B. ist zu umständlich, we =
nigstens für mich.
Donnerstag. Anita meldet sich merkwürdigerweise noch nicht
Karla war gestern hier, noch sehr hübsch.

Brief von Friedrich Seidenstücker an Gisela Abraham, um 1950
(Privatbesitz Gisela Abraham)

GISELA ABRAHAM
ERINNERT SICH AN
FRIEDRICH SEIDENSTÜCKER

Ich habe Herrn Seidenstücker erst um 1940 im Freundeskreis kennengelernt und war mit ihm bis zu seinem Tode verbunden. Die Wohnung am früheren Kaiserplatz, heute Bundesplatz, war sehr bescheiden, auch für damalige Verhältnisse. Er hatte im obersten Stockwerk des Hinterhauses eine $2\frac{1}{2}$-Zimmer-Wohnung. Das halbe Zimmer diente als Kühlschrank, Speisekammer und Kohlenlager, die Küche außerdem als Fotolabor und Modellierwerkstatt, denn oftmals arbeitete er noch an Tierplastiken. Die beiden Zimmer waren durch eine breite Tür verbunden, und das eine wurde alljährlich mit einer riesigen Fichte, die in der Mitte stand und bis unter die Decke reichte, in das Weihnachtszimmer verwandelt. Dort entstanden übrigens viele seiner Aktfotos – ein bezauberndes junges Mädchen vor den brennenden Weihnachtsbaumkerzen –, soweit ich mich aus dem Stöbern in seinem Archiv erinnern kann. Auf einem uralten Grammophon spielte er sich (und auch einmal meiner Tochter und mir) am Heiligen Abend uralte Platten vor, wie z.B. ›Nischni Nowgorod‹; jedenfalls hatten seine Weihnachtsfeste mit christlichem Verständnis der geweihten Nacht nichts zu tun.

Ich weiß übrigens auch, daß der erwähnte kleine Kohlenvorrat in dem halben Zimmer mitunter durch das Sozialamt ergänzt wurde. Ja, es gab Bitten um finanzielle Unterstützung an seine Familie in Unna. S. hatte sein väterliches Erbe aufgezehrt, während die übrigen Angehörigen es wohl gut angelegt hatten. Er selbst jedenfalls lebte ›zu meiner Zeit‹ bescheiden und großzügig zugleich: bescheiden in seinen persönlichen Ansprüchen, großzügig den Freunden gegenüber mit seinen Bildern, die er stets verschenkte, nie wenigstens einen Unkostenbeitrag annahm.

Um seine Freundschaft mit Renée Sintenis wissen Sie. In beider älteren Jahren bestand die Verbindung nur in einer herrlichen Torte jeweils zu seinem Geburtstag, von seinen Gästen immer hochwillkommen – und erwartet! Überhaupt haben wir nie seine geburtstägliche Kaffeestunde im Freundeskreis ausgelassen, all die vielen Jahre nicht.

Wenn jemand Herrn Seidenstücker eine große Freude machen wollte, hat man für ihn getippt. Geschäftliches, Privates. Nie, meines Wissens, niemals wurde mit Durchschlägen geschrieben. Wie auf diese Weise seine Geschäfte und Steuerangelegenheiten usw. funktionierten, ist mir ein Rätsel gewesen. Überhaupt war das, was er in die Maschine diktierte, sehr skurril. Schrieb er selbst, war es ein Abenteuer, die Post zu entziffern.

Die scharfe Beobachtungsgabe blieb ihm bis zum Tode erhalten. Die letzte Zeit seines Lebens verbrachte er in einem Pflegeheim des DRK, wo er in einem 4-Bett-Zimmer untergebracht war. Ein feiner, alter Uhrmachermeister, ein junger, schwachsinniger Mann und ein alter, gewalttätiger Kerl – pardon! – waren seine letzten nahen Weggefährten. Ab und zu holte ich ihn für ein paar Stunden zu uns nach Hause. Als wir zuvor in einem kleinen Laden waren, schloß er aus der Art, wie er betrachtet und behandelt wurde, schonungslos auf seine eigene Greisenhaftigkeit. Aber sein Geist blieb wach, wie dieses kleine Erlebnis veranschaulicht.

Unvergessen ist sein Lachen; ein recht stilles, intensives Lachen, leise aus der Tiefe heraus kollernd, und dazu das verschmitzte Gesicht mit den lustigen Augen.

Er war ein liebenswerter, humorvoller und hellwacher Freund, der scheu und neugierig zugleich mit seinem Fotoapparat in die Welt (Welt? Nein! In die Umgebung ist richtig.) hinauszog, um festzuhalten, was er sah. Und er sah mehr als andere Leute.

(Aus Briefen Gisela Abrahams an Heinz-Georg Klös, Direktor des Berliner Zoologischen Gartens, vom 10. 2. 1985, und an Roland Klemig / Karl Heinz Pütz, Bildarchiv Preußischer Kulturbesitz, vom 9. 1. 1987)

80. Geburtstag von
Friedrich Seidenstücker in
seiner Berliner Wohnung, 1962

Gisela Abraham, Berlin, 1949
(Privatbesitz Gisela Abraham)

Friedrich Seidenstücker in seiner Berliner Wohnung;
Foto Hans Schaller, Berlin (Privatbesitz Gisela Abraham)

UNSER FREUND
FRIEDRICH SEIDENSTÜCKER

Im Jahre 1939, ich war damals siebzehn, trainierte ich – wie so oft – auf dem ›Reichssportfeld‹ in Berlin. Ein älterer Herr mit Fotoapparat kam auf mich zu und fragte sehr höflich den jungen Mann, mit dem ich zusammen schwimmen war: »Darf ich Ihre Begleiterin wohl mal fotografieren?«

Das war der Anfang meiner Freundschaft mit Friedrich Seidenstücker, die bis zu seinem Tode dauerte und darüber hinaus. Denn alle, die ihn kennenlernten, mochten ihn gern in seiner kauzigen, verschmitzten Liebenswürdigkeit.

Meine Eltern, deren Liebhaberei das Fotografieren war, zählten auch bald zu den Freunden dieses ebenso humorigen wie skurrilen Fotografen.

Die gegenseitigen Besuche wurden häufiger, immer mehr lernten wir ihn schätzen. Wenn wir zusammen Ausflüge machten, geschah es oft, daß er eine sich natürlich ergebende Situation fotografisch festhielt, und zwar mehrmals mit kleinen Korrekturen und Varianten. Die so entstandenen Fotos ließ er uns zukommen, verwandte sie aber auch kommerziell, wenn sich die Gelegenheit ergab.

Vorwiegend suchte er Kontakt zu ›gutgebauten‹ jungen Frauen; er hatte seine ästhetische Freude an schlanken Mädchenbeinen.

Wir lernten andere Freunde – meistens waren es Freundinnen – von ihm kennen und stellten bald fest, daß wir uns alle prächtig verstanden. Gisela war schon vorher meine Freundin, und ich erinnere mich noch an Ilse, Mieze, Hildegard und Helga – das waren die Fischer-Zwillinge –, an Dagmar Altrichter, die Schauspielerin, und natürlich an Renée Sintenis. Ohne Eifersucht begutachteten wir gegenseitig seine Fotos von uns, oft recht ›kesse Aufnahmen‹, wie er sie nannte, wobei er meinte, wir hätten eben seine Phantasie für solche Fotos angeregt.

Er machte schon 1939 Farbdias und 1940 auch farbige Aktaufnahmen, die wir besonders apart fanden. Leider habe ich seine Briefe nicht aufgehoben. Sein Stil war ebenso lustig wie seine Schrift kaum lesbar.

Wovon mag er gelebt haben? Von den geringen Honoraren, die der Zoo, die Zeitungen oder die Buchverleger ihm zahlten? Ich weiß nur, daß er nach 1945 monatlich regelmäßig Geld aus den USA erhielt, nicht sehr viel, aber er freute sich. Das Geld kam von einem emigrierten Berliner Juden, dem er wohl während der NS-Zeit geholfen haben muß. Den Namen hat er mir nicht genannt, und er sprach auch nicht weiter darüber.

So indiskret er manchmal seine Fotos schoß, so diskret war er im privaten Teil seines Lebens.

Ich freue mich, daß in diesem Buch unser Freund Friedrich Seidenstücker als Künstler und Mensch Anerkennung findet.

Loni Hagelberg, im März 1987

(Aus: UHU, 9. Jg., Nr. 6, März 1933)

Sportplätzen zu sehen sind. Unser Mitarbeiter, der Fotograf Seidenstücker, hat in unserm Auftrage eine Reihe

Wo kommen die vielen hübschen Berlinerinnen her?
Wälbi,
eine 18jährige Berlinerin aus . . . . . Hessen. Sie steht kurz vor dem Abiturium und möchte Fotografin oder Medizinerin werden. Vorläufig ist sie aber noch ganz unentschlossen.

28

Marlis
ist zwar erst 14 Jahre und bezeichnet sich selbst als waschechte Berlinerin, ihre Eltern aber stammen aus Westfalen und Thüringen. Ihr Lieblingssport ist Leichtathletik.

Else,
eine 18jährige Berlinerin, die zwar mit Spreewasser getauft wurde, deren Eltern aber aus Oberschlesien und Norddeutschland stammen. Sie hat, wie viele ihrer Altersgenossinnen, eine große Leidenschaft für Skilaufen und bedauert, daß die Alpen nicht bei Berlin liegen. Sie will einmal Modezeichnerin werden.

dieser besonders hübschen und reizenden Berlinerinnen gefragt, ob sie wirklich Berlinerinnen sind. Merkwürdigerweise stellte

29

Zwei schöne Berlinerinnen:
Ingrid,   **Ilse,**
eine Dänin aus Valparaiso, deren Mutter Deutsche ist. Ingrid zeichnet gern und hat eine Vorliebe für schöne Schaufenster.   eine Ostpreußin aus Elbing. Ilse zeichnet, malt, tanzt und spielt Golf und Tennis, soweit es ihre Zeit zuläßt. Von Beruf ist sie Modezeichnerin.

es sich bei den meisten von ihnen heraus, daß sie, oder mindestens ihre Eltern, keine richtigen Berlinerinnen sind.

Wo kommen die vielen hübschen Berlinerinnen her?
Hilde,
eine Westfalin, aber seit sieben Jahren begeisterte Berlinerin, die genau weiß, warum sie Berlin so schön findet. So viele herrliche Seen und grüne Wälder gibt es bei keiner anderen Stadt. Ihre Lieblingsbeschäftigung ist, wie sie selber ohne Besinnen erklärt: Schwimmen und Einkaufen.

Wie Hilde aussieht, wenn sie zufällig einmal nicht im Stadion ist.

67

Die Amazone
Die harte, bogenspannende Faust, die gestraffte Haltung von Hals und Schulter, die Sehne, die sich über
der Brust spannt, und nicht zuletzt der kühne, starke Ausdruck des Gesichts: In diesen mehr plastischen als
bildhaften Momenten gibt Seidenstücker eher das Bild des Pfeilschusses als ein
Porträt der schönen Bogenschützin

Der Photograph
Seidenstücker
Ein Plastiker der fotografischen Platte

Das Gebiet der fotografischen Kunst
ist bis heute noch völlig unge-
ordnet. Versuche, eine Geschichte der
Fotografie zu schreiben, konnten sich bisher immer nur auf Einzelgebiete spe-

zialisieren, und auch diese waren immer
nur im engsten Ausschnitt darstellbar.
Fast sieht es so aus, als wenn es niemals
gelingen sollte, sie zusammenzufassen.
Denn heute schon liegt eine ungeheuer-

26

Pause zwischen zwei D-Zügen
Die Träger wissen, daß sie zwanzig Minuten bis zum nächsten Zug Zeit haben. Sie haben sich auf die Bank
gesetzt und sich eine Zeitlang über alle möglichen Dinge unterhalten, geschimpft und genörgelt. Aber nun
sind sie allesamt gesprächsmüde. In dieser Sekunde schnappte das Objektiv des Fotografen

27

Tänzerinnen ruhen sich aus
Seidenstücker, der ehemalige Plastiker, fing hier mit dem fotografischen Objektiv ein bildhauerisches Motiv ein

Die Taucher
Nur stundenlanges Warten vor dem Entenpfuhl kann eine so merkwürdige Aufnahme ergeben, wie sie sich
vielleicht manchmal einem Spaziergänger rein zufällig darbietet

Ein Meisterstück aus Seidenstückers unübertroffenen Tierbeobachtungen.
Eisbär in seinem Element

29

Aus: UHU, 8. Jg., Nr. 4, Januar 1932

Am Bootssteg

Ein künftiger Fußball-Stürmer
Seidenstücker erwischt in seinen Kinder-
aufnahmen die charakteristischen Momente
äußerster Konzentration und Hingabe bei
einer Beschäftigung:
entweder größte Bewegung oder . . .

. . . völlige Versunkenheit

liche Menge an klassischem
Material in Zeitschriften und
Buch - Reproduktionen ver-
streut. Später wird es un-
möglich sein, weil fast Tag
für Tag dieser seltsamen
Kunst neue Kräfte zu-
wachsen. Wir besitzen eine
Reihe von Fotografen, deren
Begabung, das Leben im
Stillstand einer tausendstel
Sekunde einzufangen, so
stark persönlichste Art und
Auffassung ist, daß das leb-
lose Silber - Gelatine zum
graphischen Stift geworden
ist. Fast kann man da von
einer Art fotografischer Hand-

30

Rücken-Schwimmen
Eine Aufnahme, die die ungeheuerliche Arbeit in der scheinbar so ruhigen Rückenlage einfing:
die tiefe Atmung des Brustkastens, das Herausstoßen der Schulter-Partien und die beim Rückenschwimmen
typische Kopfhaltung

schrift sprechen, so eigenwillig und ein-
malig ist bei diesen Künstlern der Platte
das Einfangen von Licht, Luft und Bewegung. Der große Fotograf kennt
nämlich keine „Retusche" mehr. Er ver-

zichtet auch vielfach auf künstliche Be-
leuchtung.
    Wir zeigen hier einige Bilder unseres
Mitarbeiters Seidenstücker, einem
der eigenartigsten Fanatiker der foto-

Zank um einen Sandeimer
Ein Augenblick, den wir alle selber einmal erlebt haben.
Die dramatische Zuspitzung erfolgt im Bruchteil der nächsten Sekunde, wenn die Schippe in der zornigen
Kinderhand auf den Kopf der kleinen Gegnerin blind niedersaust, und wenn das entsetzte Geschrei zwei
ebenso entsetzte Mütter herbeijagen

32

Das Modell und . . .

. . . sein eifriger Porträtist

grafischen Platte. Seidenstücker war, be-
vor er zu fotografieren begann, Bildhauer. Daraus erklären sich viele seiner
überraschenden Bild-Effekte. Sie nehmen
die Landschaft, die Umgebung des Ob-
jekts nur als Nebensächlichkeit. Die
Objekte aber sind stets in irgendeiner
Aktion, und zwar auf dem Höhepunkt
irgendeines Ausdrucks oder einer Bewegung eingefangen, die den Blick des
Plastikers verrät. Wir haben im „Uhu"
im Laufe der vergangenen Jahre eine
Fülle meisterhafter „Schnappschüsse"

von ihm veröffentlicht. Seine besten Bilder sind „Schnappschüsse" aus dem Hin-
terhalt. Er lauert den Gelegenheiten auf
wie ein Jäger dem Wild. Er spürt in-
stinktsicher, daß in jeder fotografischen
Situation eine Sekunde kommt, die ihren
Höhepunkt darstellt.
    Seine Tieraufnahmen sind unübertrof-
fene Meisterstücke der Tierbeobachtung.
Seine fotografische Linse reagiert fast
wie sein eigenes Auge, mit dem Unterschied, daß sie zupacken und den
Augenblick festhalten kann.

33

DER NACHLASS

Im Todesjahr von Friedrich Seidenstücker wurde das Bildarchiv Preußischer Kulturbesitz in Berlin gegründet. Knapp fünf Jahre später, im Frühjahr 1971, hörte ich zum erstenmal den Namen des Fotografen Friedrich Seidenstücker. Ich erhielt den Anruf eines westdeutschen Verlages: »Wir planen ein Buch über das Verhalten von Tieren beim Liebesspiel. Da gab es einen Fotografen in Berlin, der das aufgenommen hat, er soll Seidenstücker heißen. Könnten Sie uns diese Fotos beschaffen?«

Wir besaßen keine Fotos von diesem Fotografen. Ich versuchte, mich zu informieren.

Beim Ullstein-Bilderdienst erfuhr ich: »Das war ein guter Mann, konnte was. Keine Ahnung, wo der abgeblieben ist. Soll vor ein paar Jahren gestorben sein. Fragen Sie mal bei der Landesbildstelle. Oder beim Zoologischen Garten.«

Ich rief die Berliner Landesbildstelle an. »Seidenstücker? Ja, dieser Fotograf ist vor kurzem gestorben. Wir bekamen seinen Nachlaß angeboten, hatten aber kein Interesse, diese Fotos zu erwerben. Zuviel Genre, viele Tiere, Landschaften und Ostpreußen. Wir wissen leider nicht, wo die Bilder heute sind.«

Der Zufall kam mir zu Hilfe. Ein Berliner Zoologe besuchte mich am Tag darauf. Er brauchte Fotos von einem sehr seltenen Tier. Ich fragte ihn nach Seidenstücker.

»Seidenstücker? Und ob ich den kenne, da habe ich das Vorkaufsrecht. Der beste Tierfotograf, den es je gab – nach Hedda Walther, die das Buch ›Tiere sehen Dich an‹ gemacht hat, mit dem Paul Eipper zusammen. Die Walther lebt ja noch. Aber auf den Seidenstücker bin ich scharf. Der hatte einen ganz anderen Stil. Ich hatte nur bisher kein Geld, seine Fotos aus dem Nachlaß zu kaufen.«

Wir redeten eine Weile und trafen eine Vereinbarung: Er gibt mir die Adresse des Nachlaßverwalters, wir kaufen die Fotos, erhalten die Nutzungsrechte für das geplante Buch, anschließend

bekommt er die Tierporträts. Der Rest, wenn er was taugt, bleibt bei uns im Bildarchiv Preußischer Kulturbesitz.

So erhielt ich die Telefonnummer eines Berliner Trödlers. Die Nummer stimmte nicht mehr. Als ich die richtige hatte, war der Chef in Urlaub. Eine Frauenstimme meinte, daß irgendwelche Fotos mal auf die Müllkippe gekommen seien. Zwei Wochen später rief der Trödler-Chef bei mir an: »Den Fotokram vom Seidenstücker wollen Sie? Da stehen bei mir noch zwei Kisten. Da war wohl nur eine Schwester als Erbin, als er starb. Die wollte das Zeug nicht. Hat auch eine Menge schon der Müllabfuhr übergeben. Können Sie was zahlen? Also, ich bringe Ihnen die Kisten hin, gucken Sie sich's an. Dann handeln wir den Preis aus. Aber den Rücktransport, wenn Sie das Zeug auch nicht haben wollen, den zahlen Sie, klar?«

Er schleppte zwei große Holzkisten mit Eisenbeschlägen an. »Viel Glas dabei, seien Sie vorsichtig, Bruch darunter, hab' mich auch schon geschnitten. Als die Wohnung ausgeräumt wurde, ging manches den Bach hinunter. Alte Klamotten, alte Fotoapparaturen – wertloses Zeug. Was soll so ein armseliger Fotograf schon besitzen.«

Der Zoologe nahm dienstfrei. Wir saßen zwei Tage und Nächte, wühlten und sortierten. Teils verzückt, teils enttäuscht. Sich liebende Tiere waren wenige darunter. Negative, Positive, Glas, Film, Papierbilder – ein chaotisches Durcheinander. Kaum eine Beschriftung, keine Daten. Ich dachte an die Arbeit, die uns bevorstand mit dem Ordnen, Beschriften, Recherchieren . . . Mir grauste.

Dann wiederum entdeckten wir Fotos, die zur Begeisterung hinrissen. Treffsicher, voller Humor, menschlich einfühlsam – der Mann muß ein Auge gehabt haben, dachte ich. Und ein Herz dazu.

Der Zoologe hatte es gut. Er kannte seine Tiere. Das Aufnahmedatum war für ihn unwichtig. Aber die Frau mit dem Kinderwagen, die Asphaltarbeiter, die Ofensetzer, die flotten jungen Mädchen, die Paare am Wannsee, die kletternden Kinder – wann? wo?

Die Fotos waren hinreißend. Einzelbilder, keine Serien. Jedes Bild ein Treffer. Negative und Kontakte im Format 24 x 36 mm bis 9 x 12 cm. Alltag, gesehen von einem Talent. Kleinbild-Kunstwerke.

Kein Gedanke an einen Rücktransport. Was würde der Trödler dafür fordern? Eine Mark pro Bild? Das wären etwa DM 8000. Oder zwei oder fünf Mark? Das würde unsere finanziellen Möglichkeiten übersteigen. Ich rief ihn an: »Was wollen Sie haben für den ›Fotokram‹?«

»Also, weil Sie es sind und der Preußische Kulturbesitz und die Preußen sowieso kein Geld haben – und ein Berliner Fotograf soll in Berlin bleiben – zahlen Sie mir die Lagerkosten für drei Jahre, pro anno 500,–DM, und ich hab' wieder Platz in meinem Keller, abgemacht?« – »Einverstanden! Schikken Sie mir die Rechnung.«

Eine Sternstunde für das Bildarchiv Preußischer Kulturbesitz und für Werner Kourist, den Zoologen, der noch heute stolzer Besitzer der Tierfotos von Friedrich Seidenstücker ist und mit dem ich seit diesen beiden denkwürdigen Tagen und Nächten befreundet bin.

Wir begannen zu sortieren und zu ordnen: Menschen in Berlin, in Potsdam, Brandenburg, Ostpreußen, Bauern in den Masuren, Wälder, Seen. Hübsche Mädchen, dicke Frauen. Menschen bei der Arbeit und in der Freizeit: geschäftig und gelangweilt, gehetzt und schlafend, konzentriert und vergnügt, mit List und Lust beobachtet, im richtigen Moment geknipst, mit viel Sinn für Humor, heimlich oftmals und von hinten aufgenommen, als habe Friedrich Seidenstücker das Gedicht von Kurt Schwitters auf Anna Blume gekannt: ». . .man kann Dich auch von hinten lesen . . . Du bist von hinten wie von vorne: ›a-n-n-a‹.«

Keine manipulierten Fotos, keine nachträglichen Ausschnitte, liebevoll beobachtet, schnell und gekonnt fotografiert – Friedrich Seidenstücker.

Roland Klemig,
im Frühjahr 1975

Selbstportrait mit Kamera, 1930

DIE HOCHZEIT DER SEE-ELEFANTEN IM BERLINER ZOO

Seidenstücker
Berlin-Wilm., Kaiserpl. 16 (2. Hof)
H7, 8413 (Mögl. morg. u. abds.)
19. April 1939
Das Männchen, ›Roland III‹, etwa sechs Jahre, ein gewaltiges, temperamentvolles Tier von 4 ¹/₂ Meter Länge und 36 Zentnern Gewicht, war erst seit einigen Wochen im Berliner Zoo. Seit kurzem war er in der Brunst. Dieses äußert sich bei den See-Elefanten durch ein besonderes Anschwellen der Nase, die dann Elefantenrüssel ähnlich wird.
Hierher haben die Tiere ihren Namen.

Das Weibchen ›Freya‹ ist viel kleiner. Nur 3 Meter lang und 10 Zentner schwer. Es wirkt zu klein für das Männchen. Es hatte im vergangenen Jahr schon ein totes Junges geboren und in diesem Frühjahr hielt man es wieder für tragend. Es sträubte sich

Seelefanten Hochzeit, 1,50 Meter vor dem Besucher, sind ein heikles Thema! Aber da die Mädels von jetzt an gans nackt gehen wollen, wogen ich nichts einz wenden habe, da kann man sich auch mehr erlauben.
Frl. Graf mal darüber fragen.
(Seidenstücker an Neusüss am 25.6.64; Brief und Foto aus: Privatsammlung Kassel;
Schreibfehler auf Wunsch des Leihgebers vom Originalbrief übernommen.)

dauernd gegen die Zudringlichkeiten des Gatten und das führte man darauf zurück, daß sie jetzt nach 11 Monaten wieder ein Junges erwartete. Es stellte sich aber doch später als Irrtum heraus. ›Freya‹ fauchte und sträubte sich dauernd, es war schwer zu verstehen, ob es ernste Ablehnung oder nur normaler Brunsttrieb war.

Anfang April wurde ›Roland‹ zudringlicher und ließ sich schließlich nicht mehr abweisen. Oder richtiger, er trieb ›Freya‹ in die Enge, bis sie schließlich auch nicht mehr auswich. Er verfolgte ›Freya‹ im Wasser und auf dem Lande dauernd, und es wirkte gewaltig, wenn er sie herumwarf, um sie zu bedrängen. Schließlich entwich sie wenigstens nicht mehr ins Wasser und das war wohl typisch, denn die Vereinigung scheint normalerweise nur auf dem Lande stattzufinden. Die Tiere liegen dabei überraschenderweise, aber nach Robbenart, nebeneinander; das Weibchen auf dem Leib, das Männchen auf der Seite neben ihr dicht an sie gedrängt, und umfaßt sie mit seiner Flosse. Gegen diese zudringliche Umarmung sträubte sie sich aber dauernd.

Die See-Elefanten haben nicht das kräftige Gebiß und auch nicht die Beißmuskulatur (weil sie nicht kauen) wie andere Raubtiere. Ihre Kämpfe sind also nicht ohne weiteres lebensgefährlich. Trotzdem sind die Männchen von den dauernden Brunstkämpfen immer zerbissen und zeigen starke Narben. Daß die Weibchen gebissen werden, ist wohl weniger normal und hauptsächlich auf die Enge der Gefangenschaft zurückzuführen und auf die zu geringe Gattenauswahl. Denn See-Elefanten sind Herdentiere und zu einem Männchen gehören mindestens 5 Weibchen. In der Freiheit haben sie Platz, sich aus dem Wege zu gehen. Ihre Fortbewegungsart ist bekanntlich sehr kümmerlich. Durch ein mühseliges, raupenähnliches Hopsen bewegen sie sich vorwärts. Durch die geringe Wehrfähigkeit und die beschränkte Fortbewegungsmöglichkeit sind sie ihren Feinden, besonders den Robbenschlägern, fast schutzlos preisgegeben. Die Brunstkämpfe, Fortpflanzung, Geburt und das Säugegeschäft finden auf dem Lande statt. Zu diesem Zweck leben sie wochenlang auf dem Lande auch ohne zu fressen. Die Tiere bekommen wie alle großen Säugetiere nur ein Junges, das von vornherein 1 Zentner wiegt. Alle jungen Robben sollen

von Natur nicht schwimmen können oder sich wenigstens äußerst ungeschickt im Wasser benehmen. Dagegen bringen sie es später zu einer unglaublichen Meisterschaft in diesem Fach.

Nun aber zurück zu ›Roland‹ und ›Freya‹. Die eigentliche Hochzeit dauerte wohl nur drei Tage lang. Mit dem Haupttag in der Mitte. Es schien, als wenn die See-Elefanten, wie alle Tiere auf gutes Wetter reagierten. An dem Haupttag war strahlendes Wetter. Später trat eine längere Pause ein. ›Freya‹ sträubte sich mit Erfolg, sie entwich ihm immer. Das wurde dem temperamentvollen ›Roland‹ aber schließlich zu langweilig und er zwang und bedrängte sie immer mehr und wendete augenscheinlich auch Gewalt an. Er trieb sie dauernd und biß sie immer mehr, so daß ›Freyas‹ Haut auf beiden Seiten ganz zerrissen und blutig war. ›Roland‹ zwang ›Freya‹ auf dem Lande und auch im Wasser. Bestimmt gegen ihren Willen und augenscheinlich auch gegen ihr Vermögen. Sie litt wahrscheinlich darunter. Nun wurde sie zeitweilig von dem Männchen abgesperrt, um ihr mehr Ruhe zu gönnen. Sie verweigerte schließlich auch das Fressen. Als nun Ende Monats April noch ein besonders heftiger Tag kam, nahm man ›Freya‹ am nächsten Tage aus dem Bassin und setzte sie gesondert in ein trockenes Becken, um die verletzte Haut mit Salbe zu behandeln. Aber es war vielleicht schon zu spät. Der dauernden körperlichen Mißhandlung, vielleicht auch der seelischen Vergewaltigung, ist sie wohl erlegen; denn sie starb am 30. April, nachdem sie fiebernd und zitternd dagelegen hatte, im abgesonderten Becken. Seit etwa einer Woche hatte sie schon nichts mehr gefressen.

Es ist ein Unglücksfall, der wohl nur auf Gefangenschaftsverhältnis zurückzuführen ist. ›Roland‹ ist nichts vorzuwerfen. Es ist ein ganz hervorragendes temperamentvolles Tier. Der abnorme Größenunterschied zwischen den beiden Geschlechtern in diesem Falle, daß das Männchen fast 4 x so schwer ist, als das Weibchen, soll nach ›Brehm‹ normal für diese Tierart sein. – Nach den Berichten der Tageszeitungen soll Blutvergiftung die Todesursache gewesen sein. Eine Trächtigkeit wurde nicht mehr festgestellt.

(Text und Faksimile aus: Privatsammlung Kassel)

74

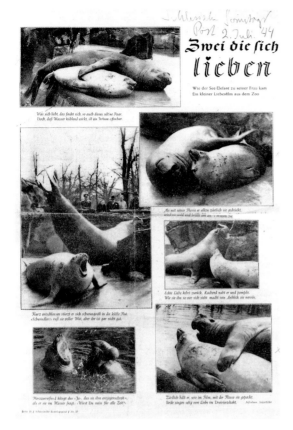

(Aus: Schlesische Sonntagspost, Nr. 27, S. 10)

Stempel und
eigenhändiger Text
Seidenstückers auf
einer Bildrückseite

ZOOTIER-FOTOGRAFIE

Die ältesten Fotos wilder Tiere, die uns bekannt sind, stammen aus England. Aufgenommen wurden sie 1854 von John Dillwyn Llewelyn im Zoologischen Garten der *Bristol, Clifton and West of England Zoological Society* und ein Jahr später im Londoner Regents Park von Count de Montizon.

Llewelyn fotografierte, signierte und beschriftete einen Teil der zunächst noch auf Salzpapier, dann aber schon auf Albumingrundlage abgezogenen Bilder mit Texten wie: ›Llama of Peru‹, ›The Pelican‹ und ›Lion Cubs – 3 weeks old‹. Der Graf veröffentlichte seine Aufnahme von ›Obaysch‹, dem ersten Flußpferd in Europa, in *The Photographic Album for the year 1855* . . . Das Tier hatte seinen Namen nach jener Insel im Weißen Nil erhalten, auf welcher es im Alter von nur wenigen Tagen eingefangen worden war. Später gelangte es als Präsent des ägyptischen Vize-Königs nach London.

R. J. Reynolds (1968) verdanken wir die Mitteilung, daß das von 1855 bis 1861 im Dan Rice Circus/ USA lebende indische Panzernashorn ›Old Put‹ ebenfalls in einem Foto überliefert ist. Das Jubiläumswerk *Batavische Planten – en Dierentuin, 1864–1939*, enthält Zooaufnahmen aus Indonesien, die aus dem Jahr 1864 stammen sollen.

In Deutschland wurde im *Landwirthschaftlichen Thieralbum in Photographien der internationalen landwirthschaftlichen Ausstellung in Hamburg 1863* und im *Jahrbuch der deutschen Viehzucht . . .* (Breslau 1864) »unseres Wissens zum Erstenmale in Deutschland die Photographie zur Darstellung lebender Thiere in Anwendung gebracht, die bekanntlich im Ausland, namentlich in Frankreich, für derartige Zwecke bereits in grosse Aufnahme gekommen ist . . .« (aus der Fachzeitschrift für das Tiergartenwesen *Der Zoologische Garten*, 1864). Dieses Lob wurde dann allerdings mit einiger Skepsis angereichert.

Nachdem bereits 1867 Tiere des Berliner Zoologischen Gartens fotografiert worden waren und Stereoskop-Fotografien aus weiteren Zoologischen Gärten bekannt gewesen sein mögen, brachte im Jahre 1868 das Hamburger Atelier Johannes Steffen 36 Weitwinkel-Aufnahmen des bedeutenden Fotografen Carl Friedrich Höge mit Motiven aus dem alten, seit 1931 nicht mehr existierenden hansestädtischen Dammtor-Zoo in einer 19 x 10 cm großen sowie auch in einer kleineren Version heraus.

Von Frederik York stammen Fotos von großem wissenschaftlichen Wert. Sie zeigen – jeweils im Sommer 1870 und 1872 aufgenommen – das zweite der insgesamt drei in London vorhanden gewesenen Quaggas, jener Zebra-Form, deren letzter Vertreter auf der Erde am 12. August 1883 in der Amsterdamer ›Artis‹ verendete. Ein weiteres der bisher bekannten Quagga-Fotos, ebenfalls um 1870 in London aufgenommen, stammt von Frank Haes; und der US-Amerikaner James Dolan konnte 1981 schließlich ein viertes, zuvor nicht bekanntes Foto dieser bemerkenswerten Zebras in London nachweisen (um 1870 von einem Unbekannten aufgenommen).

1872 erschien von Frederik York *Animals in the Gardens of the Zoological Society, photographed from life*. Und um 1875 gab der Verlag des Königlichen Hofbuchdruckers Alexander Duncker, seit 1869 Vorstandsmitglied der Aktiengesellschaft Zoologischer Garten Berlin, eine zwölf Motive umfassende Kollektion aus dem dortigen Zoo heraus, aufgenommen von Strumper & Co. in Hamburg. Aus dieser Zeit stammt auch eine weitere Fotoserie aus dem Hamburger Garten, allerdings geringerer Qualität.

Fortan scheinen Zoo-, Zootier- und andere Wildtieraufnahmen immer häufiger geworden zu sein, auch wenn sie – z.T. durch Kriegseinwirkungen – verlorengegangen sind: »Schon seit einer Reihe von Jahren haben wir photographische Aufnahmen von Thieren aus Thiergärten, die anfänglich fast nur aus Stereoskopen bestanden und deshalb theuer waren. Später gesellten sich auch einfache Thierbilder aus Ausstellungen und von anderen Orten hinzu, so daß wir bald ein wichtiges Material erhielten . . .« (Philipp Leopold Martin, 1882).

Mir selbst gelang es, auf einzelnen Fotos Tierarten nachzuweisen, die sonst nicht abgebildet sind:

Ein von W. Champés im Hamburger Zoologischen Garten vermutlich 1878 gemeinsam mit einem Wärter aufgenommenes Foto eines Kaplöwen, der bereits seit 1865 in der Freiheit ausgerottet gilt, zeigt nicht nur das letzte Exemplar dieser mächtigen Löwen-Unterart, sondern es ist das einzige bekannte Foto eines Kaplöwen. Auch die beiden Fotos des Java-Nashorns von Thomas J. Dixon aus dem Londoner Zoologischen Garten (wohl 1884 aufgenommen) sind einzigartige Raritäten. Nirgends sonst ist diese dem Aussterben nahe Tierart im gesamten Habitus fotografisch überliefert.

In meinem Besitz befinden sich ferner Originale der Momentfotografien von Ottomar Anschütz, die er von Zootieren ab 1885 in seinem privaten Tierpark in Lissa (Posen) und dann im Breslauer Zoologischen Garten aufgenommen hat: wahre Meisterwerke der Fotokunst.

Eine – auch bis heute nicht wieder erreichte – Leistung bedeutete 1890 der Führer durch den Breslauer Zoologischen Garten: Lichtdrucke von Tieren nach Aufnahmen von Anschütz; die Gebäude und Anlagen aufgenommen vom Breslauer Fotografen Eduard van Delden und dazu der äußerst instruktive Textbeitrag von Direktor Dr. Hermann Stechmann. 1899 erschienen dann zugleich in Berlin, Wien, London, Paris und Chicago Ludwig Hecks *Lebende Bilder aus dem Reiche der Tiere. Augenblicksaufnahmen nach dem lebenden Tierbestande des Berliner Zoologischen Gartens* – ebenfalls eine Novität auf dem Buchmarkt und geschmückt mit 192 großformatigen Tierfotos, leider ohne Angabe der Bildautoren, aber vermutlich mit Bildern von Anschütz darunter.

Zwar muten uns heute die frühesten Zoo-Fotos durchaus laienhaft an, doch waren ihre Schöpfer sowohl mit den Zoologischen Gärten als auch mit der Fotografie ihrer Zeit vertraut. Kennzeichen der noch frühen Fotoepoche (vgl. z. B. C. F. Höge) ist trotz aller Schönheit eine durch die Länge der Belichtungszeit bedingte Starrheit, welche die Aufnahmen geradezu statisch erscheinen läßt. Schon ein Jahrzehnt später sind die Fotos zwar nicht unbedingt ›lebendig‹, aber es ist doch das Bestreben der Fotografen erkennbar, Bewegung ins Bild zu bringen – sei es durch das Einbeziehen von Springbrunnen oder Wasserfällen.

Trockenplatten und Schlitzverschluß leiteten die Epoche der Momentfotografie mit Ottomar Anschütz ein. Auch wenn Anschütz nach Meinung des Verfassers herausragte, war er doch nur einer von vielen bedeutenden Zoo-Fotografen dieser und der folgenden Jahre und Jahrzehnte.

Vom Ende der zwanziger Jahre bis zum Beginn des Zweiten Weltkrieges war die Reichshauptstadt Berlin die Metropole auch der Zootier-Fotografen: Hedda Walther, Elfe Schneider, Julius Arnfeld, Hein Gorny, Hilmar Pabel u. a., vor allem aber Friedrich Seidenstücker, dem die Krone der Zootier-Fotografen gebührt.

Seidenstücker war 1904 – genau 50 Jahre, nachdem Llewelyn das Lama, den Pelikan und die jungen Löwen aufgenommen hatte – des Zoologischen Gartens wegen (wie er am 2.12.53 an die damalige Zoo-Direktorin, Dr. Katharina Heinroth, schrieb) nach Berlin gezogen. Im Laufe von vier Jahrzehnten, etwa von 1925 bis 1965, hat er ein immenses Werk geschaffen, dessen Bedeutung nicht zuletzt auf die etlichen tausend Fotografien aus dem Berliner Zoologischen Garten zurückzuführen ist.

Seidenstücker hat dort all das fotografiert, was ihm von Belang erschien: Tiere, Menschen, Menschen mit Tieren – nur eines nicht: die prunkvollen, einst so geschätzten Tierpaläste, die sogenannten ›Stilbauten‹. Sie hat er, ebenso wie das zerstörte Berlin, erst nach ihrer Zerstörung im Zweiten Weltkrieg in Bildern festgehalten und der Nachwelt überliefert.

Gut die Hälfte seines fotografischen Œuvres ist den Tieren gewidmet. Eine erhaltene persönliche ›Bestenliste‹ Seidenstückers weist allein 508 von insgesamt mehr als 1000 seiner von ihm mit dem Prädikat ›sehr gut‹ eingestuften Fotos als Tierbilder aus, davon 200 aus dem Zoologischen Garten Berlin. Damit standen Tiere offensichtlich in Seidenstückers Gunst noch höher als Mädchen und Frauen, die Platz zwei auf seiner Liste einnahmen.

Zeugen seiner ausgeprägten Liebe zur Natur und zu den Tieren sind aber nicht nur die Aufnahmen aus beinahe allen wichtigen deutschen Zoos der damaligen Zeit, sondern auch jene Wild- und Haustiere, die er im Freien beobachtet und fotografiert hat. »Ich bin ein Ausflugsmensch!«, so hatte er sich selber treffend charakterisiert. Auf diesen Touren widmete er sich durchaus nicht nur spektakulären, sondern auch oft nur wenig populären Objekten – typisch und folgerichtig für einen Fotografen des einfachen, unverbildeten Lebens, der Seidenstücker gewesen ist.

Für uns ist Seidenstücker für beinahe ein Menschenalter Zeitzeuge für den Aufschwung, den Niedergang und den beginnenden Wiederaufbau des Berliner Zoologischen Gartens. Er hat aber auch fotografiert, was wir heute kaum oder gar nicht mehr vorfinden – die mehr oder weniger ›reine‹ Landschaft und Tiere in der Landschaft, Haustiere und Wildtiere im Freien oder in Gattern sowie Menschen in der Natur und zusammen mit Tieren.

Seine Aufnahmen sortierte Seidenstücker zu Hause in Anlehnung an die zoologische Systematik und verwahrte sie auch entsprechend. Besondere Rubriken ermöglichten es ihm, ›Sonderfälle‹ für Veröffentlichungswünsche – er war ja auch Bildreporter – umgehend zur Hand zu haben. ›Am Zoo-Eingang‹, ›Bastarde‹, ›Gangart‹, ›Tier-Kampf‹, ›Zoo-Ruinen‹, ›Zoofüttern‹, ›Pony-Gestüt Märkisch Wilmersdorf‹, ›Zehen, Spuren, Lager, Fallen‹ – so lauteten Beschriftungen einiger seiner braunen DIN-A5-Umschläge, in denen er seine Bilder aufbewahrte und die wiederum in größeren ›Sortierungen‹ zusammengefaßt waren – eine der Praxis angepaßte Archivierungsmethode.

Seidenstücker notierte sich Merkmale und Kennzeichen gewisser Tierarten und -formen, um über sie informiert zu sein. Er machte z. B. Skizzen über die unterschiedlichen Zebraarten und -rassen und führte Buch über Deckzeiten in seinem ›Hochzeitskalender der Tiere‹ – zum einen, um zur rechten Zeit am Ort zu sein, zum anderen, um rasch seine Archiv-Fotos zu finden. Zuweilen schrieb er auch kleinere Beiträge über Tiere, die manchmal (in überarbeiteter Form) in Zeitungen und Zeitschriften abgedruckt wurden, insbesondere über Tiere, die er im Freien beobachtet hatte.

Nach Klaus Honnef hebt Seidenstücker »das vermeintlich Bedeutungslose qua Bild ins Bedeutungsvolle«. Andererseits war er bestrebt, den Bezug zur an sich bedeutungslosen Umgebung nicht überzubetonen, um sich auf das ›Unwesentlich-Wesentliche‹ zu konzentrieren. Im Zoo zeigte er das Tier so, wie es die damalige Zeit mit ihren Freisichtanlagen und der geforderten ›Illusion scheinbar freilebender Tiere‹ sehen wollte: authentisch, seiner Umgebung entkleidet und in einem faszinierenden und für das einzelne Tier typischen Moment.

Häufig kam Seidenstücker mit dieser Art des Fotografierens dem Wunschdenken der Tiergärtner jener Zeit zwar entgegen, verletzte es jedoch zugleich, weil er ihre Freisichtanlagen ebensowenig gebührend wie die ›Stilbauten‹ ihrer Vorgänger in seine Aufnahmen einbezog.

In seinen ›Ereignisbildern‹ von Tieren und Menschen demonstrierte er, worauf es ihm eigentlich ankam: auf die Beziehungen, die sich zwischen Tier und Mensch in einer Wildtiersammlung ergeben, die Kontaktbezüge zwischen beiden. Da diese in Zoologischen Gärten anders als in der freien Natur in Erscheinung treten, können sie als ›Sekundär-Kontakte‹ bezeichnet werden. Sie lassen sich besonders eindringlich in jenen Aufnahmen Seidenstückers nachweisen, die im sogenannten ›Kinderzoo‹ entstanden sind, wo es durch die unmittelbaren Berührungen von Mensch- und Tierkind zu einer ausgeprägten ›Kontakt-Einheit‹ kommt.

Seine enge Verbindung zum Tier wie zum Berliner Zoo wird unterstrichen durch die letzte uns bekannte Aufnahme Seidenstückers: Im August 1965, im Alter von 82 Jahren, fotografierte er den indischen Panzernashorn-Bullen ›Arjun‹.

Kennzeichen eines gelungenen Seidenstücker-Fotos ist, daß der Fotograf Mensch und Tier im Augenblick ihrer ›Seins-Verrichtung‹ wahrgenommen und sozusagen im Vorüberhuschen auf seiner fotografischen Platte fixiert hat: Ausdruck einer flüchtigen Gebärde; im Moment einer frappierenden, fotografisch ergiebigen Situation, nicht selten mit grotesk anmutender Komik. Kurz, in sonst übersehener, besser: nie bewußt wahrgenommener Aktion.

Seine aus dieser Sicht resultierenden Augenblicksaufnahmen sind typisch für den Fotografen Friedrich Seidenstücker und zugleich Zeitdokumente, die über den Tag hinaus wirken.

Werner Kourist, im Januar 1987

Einer sagt's zu den dreien: Bitte recht freundlich

Hochzeitskalender der Tiere
        F. Seidenstücker

Der Mensch denkt - - - aber die Tiere denken anders.
Für den Menschen ist zwar der Frühling der Liebes monat,
bei den Tieren ist das aber nicht immer der Fall, wenigstens nur bei der allerdings grossen Zahl der Vögel.

Es ist nun wohl ziemlich bekannt, dass die Tiere, je
grösser sie sind, offenbar je weiter sie in der Ent-
wicklungsreihe stehen, auch eine umso längere Tragzeit
haben. Bei den kleinsten Lebewesen währt sie nur Stunden oder Tage und bei den grössten - den Elefanten -
dagegen Jahre, nämlich 23 Monate. Nun ist es von der
Natur, allerdings von den tropischen, ständig warmen Ge-
genden abgesehen, so eingerichtet, dass die Jungen immer
im Frühling geboren werden, damit sie die günstigste Zeit
zu ihrer Entwicklung vor sich haben. Und da wir nun in
unseren Breiten kein Tier haben, das eine längere Tragzeit als ein Jahr hat, so richten die Tiere instinktiv
ihre Hochzeit für eine Zeit aus, bei der sie wissen, dass
das Junge dann im Frühling geboren werden muss. So ergibt
sich dann , dass bei der verschiedenen Grösse der hiesigen Tiere jeden Monat, und sei es auch im tiefsten Winter,
irgend ein Tier Paarungszeit hat, also Frühling feiert.

Erste Seite des Kalenders, in den Friedrich Seidenstücker die bei den
verschiedenen Tierarten üblichen Paarungszeiten eingetragen hat
(Aus: Sammlung Werner Kourist)

Das junge Tier ist wie das kleine Kind
Aufnahme aus dem Tierkinder-Zoo in Berlin Sommer 1931

28

Verwandtschaft
zwischen
Mensch
und
Tier

Merkwürdige
Parallelen
aus meiner
Bildersammlung

Von
Friedrich Seidenstücker

Das kleine Kind ist wie das junge Tier: Kirschenverteilung
Tiere und Kinder reagieren ähnlich, sie sind stets ganz bei der Sache.
Aufnahme aus dem Jahre 1928.

29

Diese Bilder wurden von mir nicht absichtlich zusammengesucht, auf keinen Fall wurden sie der Parallelen wegen hergestellt. Mein langjähriges Tierstudium zwingt mich immer wieder zu Parallelen zwischen Tier und Mensch, und ich vergleiche beständig, um gewisse Dinge

Zwei Schäkerstunden
Auf der Landpartie und im Zoo

bei Tieren besser zu verstehen. Die Idee zu dieser Zusammenstellung lag also nahe. Sie kam mir trotzdem aber erst blitzartig beim Durchsuchen meines Archivs. Da fielen die Bilder fast von selbst zusammen, so wie sie hier der Leser sieht. Nur in wenigen Fällen schwankte ich zwischen zwei gleichwertigen Bildern. Zweifellos ist auf zwei parallelen Bildern oft

In Erwartung des Winters II
Aufnahme an einem trüben Novembervormittag auf der Museumsinsel in Berlin aus dem Jahre 1929

In Erwartung des Winters I
Spätherbst im Berliner Zoo, Aufnahme aus dem Jahre 1931

eine gewisse biologische Aehnlichkeit in Bewegung und Muskelspiel vorhanden, aber das war es nicht, worauf es mir ankam. Wichtiger ist die psychologische Aehnlichkeit. Vielfach sind Bewegungen und Konturen auf zwei nebeneinandergestellten Bildern nicht dieselben, trotzdem sind die Stimmungen dieselben. Einzelne Bilder gleichen sich äußerlich gar nicht, zum Beispiel das Huhn und die alte Frau, sie geben

31

Gymnastik des See-Elefanten
Momentaufnahme aus dem Berliner Zoo im Jahre 1930. Das Tier richtet sich kurz und ruckartig auf, um
nach dem Wärter zu sehen, mit dem Kopf wird gleichzeitig, des Gleichgewichts wegen, der Schwanz aufgerichtet.

Rückenschwimmender Eisbär
nach dem Abstoß von der Bassinmauer im Zoo

Rückenschwimmerin
nach dem Abstoß von der Bassinmauer im Stadion.
Aufnahme aus dem Jahre 1930

Natürliche Gymnastik eines Kindes
Das Kind spielte allein und sich selber überlassen am Strand vom Rangsdorfer See.
Aufnahme aus dem Jahre 1929

Kälberei im Zoo
Spielende Chapman-Zebras im Münchener Zoo,
im Frühling 1930

Kälberei auf der Wiese
Die beiden Mädchen schwingen sich gegenseitig fort-
laufend an den Armen herum. Aufnahme aus dem
Jahre 1929

Behagliches Räkeln in der Sonne
Ein Guanako-Lama im Berliner Zoo. Aufnahme aus dem Jahre 1931

aber frappant ähnliche Stimmungen. Jeder Betrachter muß davor die Empfindung haben: es ist dieselbe Sache, hier wird dasselbe erlebt, unabhängig davon, ob es sich um Tier oder Mensch handelt.

Behagliches Räkeln in der Rundfunk-Gymnastik-Pause
Aufnahme aus dem Jahre 1931

(Aus: UHU, 9. Jg., Nr. 4, Januar 1933)

DER FLANEUR MIT DEM FOTOAPPARAT

Als ich von dem Projekt einer Seidenstücker-Ausstellung des Bildarchivs hörte, dachte ich zunächst: noch eine Ausstellung? – das heißt: noch ein Buch über Seidenstücker; kennen wir die Bilder denn nicht zur Genüge?

Was Lobeck und Neusüss nun aber aus dem im Bildarchiv vorhandenen Werk herausfilterten, verändert das Bild des Fotografen beträchtlich. Wir kannten ihn als Beobachter und Chronisten der Stadt, des Alltags, der Arbeit wie der Freizeit ihrer Bewohner – seien es nun Menschen oder Tiere. Wir hatten, durch die Sicht der bislang vorliegenden Bildauswahlen, einen bei allem Witz und aller Lebendigkeit des spontanen Blicks eher konventionellen Bildjournalisten zu sehen bekommen. Wir wußten von Seidenstückers Aktaufnahmen, kannten einige aus alten FKK-Zeitschriften und vermuteten, daß dieser Werkteil, durch die Prüderie der Verwandten wie der Verwerter falsch bewertet, unterdrückt, vielleicht gar vernichtet sei. Wir hatten mit Bedauern zur Kenntnis genommen, daß das Archiv des Fotografen leider eben doch nicht vollständig in öffentliche Zugänglichkeit geraten war, sondern Teile davon Objekt privater Interessen bleiben dürften, was einen umfassenden Überblick und eine gültige historische Einordnung weiterhin erschwert.

Um so begrüßenswerter, daß die hier vorgelegte Auswahl den klassischen Seidenstücker um eine bislang übersehene Facette ergänzt. Es kommen hier Schichten zum Vorschein, die nicht der Tagesarbeit des Chronisten, sondern unbewußtem Sehen entstammen, und zwar nicht dem Sehen des Fotografen, sondern einer primären Schicht, einem hochsensibilisierten Empfindungsapparat, dessen Aufzeichnungstechnik – Foto, Zeichnung, Text, Reportage – noch nicht einmal festliegen muß. Es gibt eine Sensibilisierung der Sinne, die jeden Menschen zum potentiellen Künstler macht. Er muß es

nur ausdrücken können. Seidenstücker fotografierte . . .

Anders als der Schriftsteller, der seine Texte nicht aus dem Material der Menschen und Dinge, ihrer Handlungen und Befindlichkeiten herausarbeitet, sondern aus dem Material der Sprache – der Worte, Klänge und deren Zuordnungen zueinander im Gefüge der Sätze –, hat es der Fotograf, der sich durch die Kamera der sichtbaren Welt zuwendet, mit der materialen Seite der Erscheinungen zu tun. Er kann die sichtbaren Dinge mittels Bildkomposition, Ausschnitt, Schärfe/Unschärfe, Kontur und Hell/Dunkel ordnen, kann Teile betonen oder weglassen. Er kann sie, solange er sich im Medium der Kamerafotografie bewegt, nicht transponieren auf die Ebene einer spirituellen Wirklichkeit. Zu hoch ist allemal der materiale Anteil am Bild. Deshalb ist ein gutes Foto eben nichts anderes als ein gutes Foto, nicht mehr, nicht weniger. (Kunst beginnt, wo Kamerafotografie ihre Grenze hat. Fotografie ordnet Wörter zu Sätzen. In Kunst werden Wörter zum Wort.)

Der Fotograf, der von seiner Arbeit lebt, z. B. der Bildreporter, macht seinen Job. Er fotografiert, was er verkaufen kann. Wenn er gut ist, entstehen nicht nur verkäufliche, sondern gut gesehene, originelle, spannungsreiche, erhellende Fotografien. Seidenstücker, wie wir ihn bislang – etwa aus Wildes Taschenbuch – kannten, ist ein solcher Fotograf. Was hat er aber gemacht, wenn er nicht seinen Job machte? Der Reporter, der Journalist, der Kritiker schreibt seine Texte, der Fotograf belichtet und vergrößert seine Bilder. Nebenbei kritzelt einer auf Zettel, beim Telefonieren, oder wenn ihm gar nichts mehr einfällt, oder noch nichts. Er schreibt, malt, strichelt und stammelt, und dazwischen taucht etwas auf und geht wieder unter. Der Fotograf hat ähnliche Momente der scheinbaren Unaufmerksamkeit, der Schläfrigkeit, des halbverhangenen Blicks.

Was uns an dem hier sichtbar werdenden Ausschnitt aus Seidenstückers Werk interessiert, ja beunruhigt, entstammt Streifzügen vom Rande des Bildfeldes. Von Seidenstückers Tierbildern sehe ich mal ab. Ich betrachte im Zoo lieber die Gebäude als die Käfige, nehme das Ganze als Park plus Panoptikum, und die Affen sind mir eher peinlich. Seidenstückers Stadtbilder, Typ Pfützenspringerin, liebe ich, weil ich die Stadt liebe, insbesondere Berlin, wie es mal gewesen sein mag und sich stellenweise noch unter dem sehnsüchtigen Blick aus Wissen und Einfühlung vorstellen läßt.

Seidenstücker muß ein ebenso leidenschaftlicher Flaneur gewesen sein wie Franz Hessel, mit dem er die Zeit und den Ort, nicht aber das Medium der Mitteilung gemeinsam hatte. Hessel schrieb. Sein Buch *Spazieren in Berlin*, 1929, liest sich gelegentlich wie ein imaginäres Tagebuch des Fotografen, und Hessels Texte, vor allem *Von der schwierigen Kunst, spazieren zu gehen* (neu abgedruckt in *Ermunterung zum Genuß*, Berlin 1981), könnte geradezu aus gemeinsamer Arbeit des Schriftstellers und des Fotografen hervorgegangen sein. Auch Hessel empfand sich als ein Verdächtiger, ein Voyeur, der nichts selber, als Täter oder Teilhaber, erlebt, sondern der aufnimmt, zusieht, zuhört, Bilder und Klänge speichert. Hessel sagt, man müsse wieder lernen, sich in der so wohlvertrauten Stadt zu verirren. Das bedeutet, alles Wissen über die Stadt, ihre Geschichte wie die gewohnten Wege, zu vergessen, das Bewußtsein zu verlassen und sich dem Abenteuer des unschuldigen Blicks anzuvertrauen.

Da sieht das Gewohnte anders aus: nicht nur exotisch, sondern auch unscharf, Material fürs Bestimmen und Weiterspinnen. Die Ränder des Bewußtseins, im Halbschlaf, wenn die Kriechströme überraschende Bildsequenzen herstellen, geben Zugänge frei zu verborgenen Produktionsstätten. Die Surrealisten haben das im automatischen Schreiben fruchtbar zu machen gewußt. Für den Fotografen bedeutet das, von den Rändern des Bildfeldes her extrem subjektiv zu arbeiten, die materiale Bestimmtheit der abzubildenden Objekte schrumpfen zu lassen, die Signale ihrer Funktion zum Verstummen zu bringen. Es sind dementsprechend die undramatischen Bilder, die hier entstehen: Stilleben der Dingwelt, die von ihrer metaphorischen Spannung leben und deren Sprache sich nicht übersetzen läßt: Es sind die fotografischen Bilder. Seidenstücker hat deren unvergeßliche mitgeteilt und wußte es vermutlich nicht einmal.

Wenn Hessel in *Spazieren in Berlin* schreibt: »Flanieren ist eine Art Lektüre der Straße«, so deutet er damit das Verwandte zwischen der Augenwande-rung und dem Textfluß an. Der Lesende wird von den Worten getragen, der Flaneur von der Textur der Stadt. Der Flaneur lernt die Sprachen der Städte, ja ihrer einzelnen Quartiere voneinander unterscheiden; er lernt die Grammatik der Städte begreifen, indem er sie in die Sprache seiner eigenen Stadt übersetzt. Wenn er mitten im Vertrauten der ein Leben lang bewohnten Stadt unvermittelt stehenbleibt, sich in Budapest, Wien, Paris wähnend, so hat er von Berlin das begriffen, was nur vom Rande des Bildfeldes her wahrzunehmen ist. »Die Erkenntnis der Städte ist an die Entzifferung ihrer traumhaft hingesagten Bilder geknüpft« (Siegfried Kracauer, *Aus dem Fenster gesehen*).

War die Generation der expressionistischen Dichter und Maler auf harte, klare Konturen der zerstörerischen und zerstörten Groß- und Industriestadt aus, so ist es die nachexpressionistische, durch den Surrealismus freigesetzte Phantasie von Dichtern und Essayisten wie Hessel, Benjamin und Kracauer, die sich von den schnell zu Klischees gewordenen Stadtbildern à la Gaswerk am Kanal und Stau am Verkehrsturm mit Nutte, Millionär und Krüppel löst, um sich den Traumbildern der Stadt- und Zeiträder zuzuwenden. Der Blick muß unscharf eingestellt werden, um dahinter zu anderen lesbaren Bildern zu gelangen. Der Flaneur memoriert die Stadt, ohne ihre Segmente ins Herbarium zu pressen: Er hat eine Rundumkamera des automatischen Gedächtnisses. Kein Sofortbild entsteht, sondern vielfach übereinanderbelichtete Bilder lassen in einem Verdichtungsprozeß die gemeinsame Kontur deutlich werden, die den einzelnen Augenblicken noch undeutbar innewohnte.

Seidenstückers Berlin-Bilder, die wir bislang kannten, zeigen das bewußte, das professionelle, das vom Meisterfotografen auf den fruchtbaren Moment geronnene Bild der Stadt. Aber dem Bild fehlte noch das Moment des Urvertrauten, das Heimat ausmacht. Hätte man den Fotografen, ausgestattet mit einem Auftrag und mit viel Zeit, nach Budapest, Wien oder Paris geschickt, so hätte er dort schließlich vergleichbare Bilder des Lebens der Bewohner der Stadt gemacht. Was da noch fehlte, das Moment des Vertrauten, des Eigenen, macht den Unterschied zwischen erotischer Fotografie und Pornografie aus. Wie Seidenstückers Aktfoto-

Wannsee 50, Berlin, 1950

grafien niemals Pornografie sind, da sie im interesselosen Anschauen verharren, ohne Macht gewinnen zu wollen, so belassen seine voyeuristischen Ausschweifungen am Rande der Bildfläche dem Belauerten, dem im Vorbeigehen vom halbbewußten, vom unscharfen Blick Gestreiften die Würde des Subjekts – Dingen wie Menschen.

Der fotografierende Flaneur streunt, vom Zufall wechselnder Gerüche geführt, zwischen den Geschäftigen, den meist auch am Sonntagnachmittag noch Zielgerichteten. Was ihn vom Amateur- wie vom Profifotografen so grundlegend unterscheidet: Er ist nicht auf Motivsuche. Oder: das auch. Aber eher nebenbei. Wer mit der Kamera loszieht, um Bilder aufzunehmen, muß zuvor alle fotografischen Bilder vergessen, die er je gesehen hat. Oder er muß seinen Blick literarisch statt fotografisch einstellen. Seidenstücker begann bekanntlich das zu fotografieren, was ihm als Bildhauer dreidimensional herzustellen versagt blieb. Ein Glück, muß man sagen, angesichts der paar überlieferten Skulpturen: Als Fotograf ist er unendlich besser, origineller, unterhaltender – und beunruhigender.

Wenn ich Seidenstückers unbewußte Bilder der erotischen Fotografie zurechne, so nicht des voyeuristischen Aspekts wegen. Wir verstehen den Voyeur als sexuell Perversen, aber das spielt hier keine Rolle. Es geht nicht um die prallen Hintern von Frauen, die Seidenstücker faszinierten und die er sich immer wieder ergaunert hat. Es geht auch nicht um die an Seeufern und Waldrändern hingelagerten Pärchen, die er im Vorübergehen knipst. Der verstohlene Blick des Zuschauers, der so tut, als ginge ihn das alles nichts an, und der doch seinen schnelleren Herzschlag beim Blick unter Rocksäume nicht verhehlen kann, betrifft eine umfassendere Haltung. Seidenstücker steht hier den Objekten hinterm Rücken, es gibt eine unüberwindbare Distanz aus Scheu, Diskretion, möglicherweise auch schlechtem Gewissen (Scheu, bei schlechten Gewohnheiten ertappt zu werden).

Eines der rätselhaftesten Bilder ist das der verpackten Pärchen in den Sandkuhlen: ein Beuyssches Environment, und aus einem Massengrab ans Licht gekommen. Fotos, die derartig weit gespannte und widersprüchliche Assoziationen enthalten, gehören zu den ganz seltenen ›fotografischen Fotografien‹, die in ihrer Sprache etwas ausdrükken, was in andere Sprachen absolut unübersetzbar bleibt. Ein Bericht vom Liebesleben unbekannter Großinsekten, nicht belauert, sondern im Vorbeigehen aufgeschnappt. Das Erotische daran ist nicht das, was unter der Verpackung geschmust und gefummelt worden sein mag, sondern es ist die Verpackung selbst. Das Nackte ist nicht erotisch, sondern das Verpackte, wenn die Verpackung klafft.

Das Erotische hat aber auch viele andere Metaphern, die allesamt im Nichtgeheuren siedeln: das Nasse, das Sumpfige, das Dämmrige, Seeufer und Unterholz, morbide, verfallene, ruinöse Situationen, aus denen Geschichte diffundiert ist und mit ihr Ziel, Sinn und Zweck aller Verrichtungen. Das Erotische als Niemandsland jenseits des zweckhaften Erlaubten, sehnsüchtig, geil und angstvoll zugleich ersehnt und gefürchtet. Eine außerordentliche Metapher hierfür scheint mir das Bild einer über das Wasser gebauten Neugierde, der unter den Rock geschaut wird; von stämmigen, glitschigen Ständern getragen, die aus dem aufgerührten Wasser ragen und das Schaugerüst noch einmal unter den Rock der überhängenden Ufervegetation halten – mich erinnert das Bild an den Verrückten, der dabei erwischt wurde, wie er die in einem Karton versteckte Kamera mit einem Besen (der Stiel verbarg den Auslöserdraht) den Frauen im Marktgewühl zwischen die Beine schob. Was er da gefunden haben mag? Stämme, die sich nach oben im Dunkel verloren – das diametrale Gegenbild zur vollkommenen Aseptik der offiziellen Nacktsportfotografie, in der sich die Erotik nackter Frauenkörper im hellen Sonnenlicht verflüchtigt und nur noch die Büschel der Strandgräser im gänsehäutigen Dünensand als erotische Erinnerung erscheinen. Immer nur in die Augen schauen, heißt die Devise des FKK-Knipsers; wofür die Bilder sonst noch gebraucht werden, geht uns nichts an. Aber Seidenstückers erotische Schlendereien belegen eindrucksvoll, durch welches Assoziationsgestrüpp sich die Augenlust ihren Weg zu finden weiß.

Hat der Profi die Verwertbarkeit seiner Bilder für den Verkauf im Blick, so der organisierte Amateur die Verwertbarkeit für den Ruhm. Er möchte per Veröffentlichung, Ausstellung und Wettbewerb im Verein und in der von ihm erreichten Öffentlichkeit anerkannt werden. Dazu benutzt er eine Bildästhetik, die seit hundert Jahren als bildmäßige Fotografie festschreibt, was als breiter Konsens über fotografische Ästhetik außerhalb einer Fachwelt gelten kann. Gibt er Salz und Pfeffer aktueller Form-

Terrasse am Kleinen Wannsee, Berlin, um 1950

sprache und etwas Zeitgeist hinzu, wird's schon fast ein Meisterstück.

Mir ist nicht bekannt, ob Seidenstücker sich an Amateurfotografen-Konkurrenzen beteiligt hat. Ich vermute, eher nicht. Seine Fotografien, vor allem die der unbewußten Seite, zeigen viel zu wenig Motivgestaltungs- und Formwillen. Sie hätten auch heute noch keine Chance vor den Augen der Juroren. Sie ziehen ihre Qualität daraus, daß sie sich dem Zeitgeist querstellen.

Ebensowenig wurden Zilles Fotografien zu Gegenständen der Formgeschichte der Fotografie. Auch sie sind Bilder vom Rande des Bildfelds; zwar bewußt gesehene Bilder von den Rändern der Stadt, der Gesellschaft und der Anständigkeit, aber Bilder jenseits der konventionellen Sehgewohnheiten. Die aber beinhalten ja nicht nur neue Sehtechniken, sondern ebenso neue Sehinhalte. Eine Müllhalde zu fotografieren, bedeutet nicht nur eine flagrante Verletzung der Konvention über Bildinhalte, sondern bringt zugleich eine neue Textur: eine Collage von Dingen und deren Oberflächen, die Unten und Oben vermischen und verkehren, also eine ästhetische und eine moralische Unverschämtheit. Frechheit allein macht zwar noch niemanden zum Avantgardisten, aber Bravheit langweilt. Dem Voyeur und Flaneur Seidenstücker auf seinen Kamerareisen hinter den Rücken der Zuschauer des Lebens (irgendwie scheint jeder zu glauben, die anderen erleben das, was er selbst nicht erlebt) zu folgen, ist unterhaltend.

Janos Frecot, im Februar 1987

ROLAND III
FÄLLT IN SEINEN GRABEN

Seidenstücker
Berlin-Wilm., Kaiserpl. 16 (2. Hof)
H7, 8413 (Mögl. morg. u. abds.)

Der männliche See-Elefant ›Roland III‹, der vor
wenigen Wochen sein Weibchen verloren hatte,
war am 27. Mai morgens um 7 Uhr, vielleicht durch
Zufall oder erschreckt, vielleicht auch, weil er sich
nicht ganz wohl fühlte, in seinen Graben gefallen.
Man bemühte sich zunächst, ihn durch Locken zu
bewegen, herauszukommen. Der Graben war aber
zu eng, er konnte die Hinterfüße nicht brauchen und
hatte auch vorn zu wenig Möglichkeit, sich weiter-
zustoßen, und er konnte absolut nicht heraus.

   Roland war schon gleich ängstlich und machte
ein anderes Gesicht als sonst. Die Tiere sind ja
bekanntlich sehr unbeholfen, fühlen sich dauernd
wehrlos und bekommen leicht Angst. Alle Versuche,
ihn herauszulocken, waren vergeblich. Nun ließ
man langsam den Graben voll Wasser, das dauerte
aber immerhin eine halbe Stunde. Dann versuchte
man, ihn durch Drohen und Treiben herauszubrin-
gen, er sträubte sich ängstlich und empört, aber
erfolglos. Erst als der Graben nahezu ganz vollge-
laufen war, gelang es ihm, wieder ins Becken zu
kommen. Er machte nachher einen ziemlich abge-
kämpften Eindruck.

   (Für die Redaktion: Um die dramatischen Bilder
mit den Peitschen bringen zu können, ist es zweck-
mäßig, jedesmal die Peitsche ganz wegzumalen,
dafür eine Faust oder einen Zeigefinger zu malen
oder zu zeigen, dann sind die Bilder wohl erträg-
lich.)

(Text, Brief und Fotos aus: Privatsammlung Kassel)

Seidenstücker
Berlin 31, Bundesplatz 16
87 16 91   23. 7. 64
L. H. N.
Brief ist doch bequemer als kleine Karte, und nur
5 Pf. mehr. – Im Moment erholen wir uns von der
Hitze, wie lange aber, das weiss man nicht. Heute ist
es wundervoll kühl. Meine Haupttätigkeit in den
letzten Tagen war trotz Hitze, jeden Morgen erst in
den Zoo zu den neuen Nashörnern zu gehen. Ein
Geschäft ist es natürlich nicht immer, das nehmen
die Agenturfotografen im allerersten Moment
wahr, wo ich noch nicht dabei sein darf, weil der olle
Direktor mich nicht einlädt. Also ich versuche nachher herauszuholen, was möglich ist, und mit größ-
tem Interesse. Während alle anderen Fotografen es
längst vergessen haben, weil sie nur auf Neuerung
gehen . . .

Also nun die Seeelefanten, darüber müssen Sie
mir noch besonders schreiben, wo und wie Sie die
ausstellen wollen, und auch, warum Sie so darauf
versessen sind. Ich hielt sie zwar auch immer für gut,
aber hatte ja verhältnismäßig sehr wenig Erfolg.
Und nun sind von fast allen die Negative verlorengegangen.

Nun habe ich da noch eine Serie ›Roland fällt in
seinen Graben‹. Aus dem wird er mit Mühe und Peitschen herausgetrieben, an sich brutal. Waren ein
paar Naziwärter, was gerade gut dazu paßt . . .

Im übrigen aber meine ich doch, man sollte,
wenn man diese Sachen ausstellt, doch einige Vergrößerungen dazunehmen, um anzulocken und
fürs Publikum, vielleicht oben darüber, vier oder
sechs, aber da kommt der Haken, es sind keine Filme
da, und diese Vergrößerungen müßten nach den-
selben Ihnen bekannten Bildern reproduziert und
vergrößert werden, und das muß ein guter, gewis-
senhafter Fotograf sein . . .

Mir ist wichtig, daß das an sich harmlose Tier
von ›Nazis‹ großspurig mißhandelt wird; weiß
aber nicht, ob die Mehrzahl der heutigen Deutschen das schätzt? Habe neue Bilder gefunden und
gemacht. Weiß überhaupt nicht, wieweit man
solche teils weit, teils nah liegende Zeit wohl sehen
will?? . . .

(Seidenstücker an Neusüss am 23. 7. 64. Brief und
Fotos aus: Privatsammlung Kassel)

Sprung über die Pfütze, Berlin, um 1929

MOMENTKNIPSER

Friedrich Seidenstücker (F. S.) hat sich lange der offiziellen Fotogeschichte entzogen; seine oft banal wirkenden Bilderketten wurden zunächst bemerkt, dann übersehen, schließlich vergessen. Die üblichen, von allen akzeptierten Kategorien zwischen Folklore und Avantgarde und die unterschiedlichen Interpretationen taten ihr übriges, um ihn in Vergessenheit geraten zu lassen.

F. S. war zeit seines Lebens ein Fotograf, der im wesentlichen für die Schublade, aber auch zum Privatvergnügen tätig war. Seine Fotos, mit denen er in seiner als Dunkelkammer umgebauten Küche hantierte (wo zu allem Unglück noch die Kohlen in der Ecke lagen), lieferte ihm der Alltag aus allen Bereichen, denen er nahestand, ständig und gratis frei Haus. Für seine vielen Freundinnen stand er – sich in nichts von einem Amateurfotografen unterscheidend – auch für Hochzeits- und Familienfeiern zur Verfügung. Rollenprobleme kannte er dabei nicht.

Heute ist F. S. durch eine eingeschränkte, letztlich sentimental-dekorative Kunstmarktperspektive als Pfützenspringer- und Trümmerfotograf festgelegt. Anlaß für diese Mißverständnisse ist die sehr private Sehweise und eine im gleichen Moment abgewandte und in sich ruhende Lebensform, die man zwischen diesen Bildern spürt. Fotografie als bürgerliche und persönliche Notwehr in abgedrängten Positionen, ohne politische Aufmerksamkeit und Perspektive, zugleich Weg- und Hinsehen. An den eigentlichen Ereignissen vorbeisehen, sich vorsehen, sich aus allem raushalten und sich dabei wohlfühlen. Seine Haltung als Lebenskünstler ist uns heute schon fast wieder fremd geworden.

Seidenstücker hat sich einerseits vielen Illusionen eines Künstlerdaseins erfolgreich entzogen, andererseits sich aber auch von den meisten gesellschaftlichen Zwängen ferngehalten – neugieriges Unbeteiligtsein, fern von allen Bedeutungen und Bedeutsamkeiten, reflexhaft und sorgfältig prakti-

zierend, eine Art banaler Konzeptkünstler. Bei ihm verbindet sich eine bürgerliche Herkunft (sein Vater war Richter im westfälischen Unna), eine praktische Lebenshaltung, eine amateurhafte Arbeitsweise (fotografieren ist doch so einfach und macht Spaß), ein bewußtes Sehen, aber auch überraschtes Hinstarren, ein beiläufiges Mitdenken, Mitschwenken der Kamera.

F. S. zählte, auch auf Grund seines fortgeschrittenen Alters – er fing erst mit fast 50 Jahren gegen Ende der 20er Jahre an, berufsmäßig zu fotografieren –, nicht zu den Fotografen, für die der Übergang zwischen Vor- und Nachkriegszeit, die Änderung als billige Anpassung der alten Lebensformen an das Westliche, Neue, selbstverständlich waren. Er war eigentlich das, was man heute eine ›gescheiterte Existenz‹ nennen würde.

Seinem Vater zuliebe, den er einmal als sehr gutmütigen Menschen bezeichnete, studierte er zunächst in Hagen Maschinenbau, danach, von 1918–1921 im Alter von 36 bis 39 Jahren, an der Berliner Kunstakademie die Bildhauerei. Es folgten Atelieraufenthalte in München und Italien; eine finanziell erfolglose Bildhauerkarriere schloß sich an.

F. S. war nie verheiratet, nicht in den Krieg gezogen, zeigte wenig Ehrgeiz, hielt sich von der Politik fern, wollte nicht auffallen – das Auffallenwollen war für ihn das Verhängnis der Politik. Das Unauffällige als Voraussetzung, als Schritt hin zum ›Normalen‹. So ein künstlerisches Konzept, Fotografie vor allem als Privatkunst, ließ sich vermutlich nur in einer Metropole wie Berlin, nicht in der Provinz praktizieren. Die Provinz unterdrückt zwangsläufig und gutgemeint das Abweichende und zensiert. Die Metropole gibt sich toleranter und heterogener, auch verschwiegener.

Ein solches Leben als Zuschauer und Betrachter in bewußter Enthaltung von den Widrigkeiten des Daseins kann nicht Gegenstand einer Fotografenmonografie im herkömmlichen Sinne sein. F. S. gilt als Fotograf des Nebensächlichen im Alltag, des Überflüssigen – er unterläuft mit seinen Bildern aber auch diese Festlegung. In ihnen spiegeln sich: die Künstlerrolle als gelernter Bildhauer, die Technik als Ingenieur, die neugierige Privatperson (in Berlin wurde er zum Aussteiger) und der verantwortungslose Spaziergänger (herumlungern aus Leidenschaft oder aus Langeweile).

Seidenstückers Sicht war nicht die eines Chronisten, sondern weit eher die eines Privatmannes und an den Dingen nur gelegentlich Beteiligten; er stand zufällig herum, neben oder bei den Dingen und Personen. Er hat ein wenig neben der Spur fotografiert; es war vielleicht sogar sein Programm, mit dem, was und wie er fotografierte, nie aufzufallen. Eine wichtige Eigenschaft, um überleben (und überlegen) zu können.

Schon seine früheste bekannte Fotoserie ›Die Zigeuner von Unna und das benachbarte Soest‹ deutet seine Außenseiterposition an. Neue Techniken und Sehweisen hat er nur zögernd übernommen; sie müssen ihn nicht überzeugt haben als geeignet zur Darstellung seiner Spaziergänge und Ausflüge. Vielleicht war er auch nicht pathetisch oder naiv genug, um das zu versuchen. Er wollte bestimmte Dinge nicht sehen, weil sie ihn nicht interessierten. Seine Bilder illustrieren beiläufig deutsche Geschichte. Sie drückt sich in subtilen Veränderungen der Gesichter und Körperhaltungen aus, im Nebensächlichen, in beiläufigen Handlungen.

Seidenstückers Biographie ist bereits in seinen Bildern als lebenserhaltendes, lebensbegleitendes Element von ihm selbst angelegt: Bilder für die Berliner Presse, Erinnerungsfotos, Bilder, die letztlich zu nichts zu gebrauchen waren, oder lustige Tierfotos. F. S. wußte und spürte, daß Tierfotografie, das Verhältnis zu den Tieren, etwas Entscheidendes war. Der Zoologische Garten als Entsprechung zur Freizeit am Wochenende am Wannsee. Stilles, aber unübersehbares Brunstgehabe. Der Unterschied liegt in der Aufhebung der Vereinzelung, nicht aber des Anstarrens und des Angestarrtwerdens und der Blickkontakte bezüglich der Abmachungen und Abgrenzungen, des potentiellen Paarungsverhaltens zur konstanten Arterhaltung. Im Blickpunkt stehen. Man liegt da zur Probe. Muß sich von allen anstarren lassen.

Die erotischen Blickkontakte als Voraussetzung unsentimentalen Interesses. Vielleicht sind solche Augenkontakte, die Fähigkeit dazu, sie auszustrahlen oder aufzunehmen, eine Vorstufe der Fotografie. Erotik bedarf der Öffentlichkeit, und die Foto-grafie ist wohl neben der Sexualität und dem vorgeschalteten Augenkontakt ihr eigentlicher Transporteur. Hier ist das Zentrum der Fotografie von F. S. zu suchen.

Seine fotografischen Beobachtungen und Vergleiche menschlicher und tierischer Annäherungen und erotischer Spielweisen, gemeinsamer Ängste: das Tiergehege als Kaleidoskop oder als Exerzierfeld menschlichen Verhaltens und menschlicher Zwänge. Der Mensch im Zoo bietet sich der – gefangenen – Tierwelt voller Verständnis für die gemeinsamen Probleme als Partner und Kollege an, nachdem er die Tiere vorher hat vorsichtshalber aus ihrem Lebenskreis entführen, ausrotten lassen. Die Großstadt als friedlicher Dschungel. Der streng kontrollierende Blick, der gleichzeitig Einverständnis und Gemeinsamkeit signalisiert.

Wir tendieren zum Zoo als gesellschaftlicher Utopie eines fiktiven, friedlichen Nebeneinanders der Rassen, aber auch einer Verwaltung – oder Vergewaltigung – des lebenden Materials zu nützlichen Zwecken. Als Institution, als perfekt organisiertes Lager, sind im Zoologischen Garten Bezüge zum selbstverordneten und organisierten Freizeitverhalten der ihrem Ende allmählich entgegenstolpernden Weimarer Republik zu erkennen; der hektische Berliner, mit oder ohne Weib, am Wannsee entspannt auf der Wolldecke im Gras lagernd und in die Wolken hinein über die allgemeine politische Lage nachdenkend. Das Lager und die Lust.

Die Weimarer Republik als Urlaub vor dem Krieg, als Vorstufe der Lager. Die Lageridee als der vielleicht einzig originäre, gemeinsam entstandene und konstruierte gesamtgesellschaftliche Gedanke im 20. Jahrhundert in Deutschland. Verknüpft er doch auf einzigartige Weise das Gestrige mit dem Heutigen, Pflicht und Ordnung, das Einzelne mit dem Allgemeinen.

Was waren denn die neuen Sehweisen: die Hoffnungen, das Projektive, die Visionen, daß alles anders wird? Eine nach dem verlorenen Weltkrieg und mit der Vorahnung des nächsten, von unten nach oben und anschließend wieder von oben nach unten. Die Sehweisen der 20er Jahre waren in den Schützengräben des Ersten Weltkrieges entstanden. So wie die 50er und 60er Jahre, bis auf den heutigen Tag, auf den Zweiten Weltkrieg zurückgehen. In diesem Zeitraum hat sich Seidenstückers Sehen und Verknüpftsein mit der Umwelt fotografisch herausgebildet. Beides war gleichermaßen, gemeinsam einer fundamentalen Zerstörung und Umwertung anheimgefallen.

Die 20er Jahre, politisch falsche und künstlerisch vielseitige, aber ungenau überprüfte, überflüssige Hoffnungen, Konstruktivismen und Anarchismen nach dem Ersten Weltkrieg, die dann zusammenbrechen mußten. Der schiefe Blick, die schiefe Perspektive, die schiefe Haltung, das Neugierige und Unverstandene – keine Antworten. Allgemeines Warten auf den Untergang wegen des notwendigen Neuanfangs.

In der Blütezeit der Weimarer Republik arbeitete F. S. zeitweise als Pressefotograf für einige Berliner illustrierte Zeitschriften und für Bildagenturen. Er wurde als Genre-Fotograf rührender Bilder und Bildergeschichten entdeckt und geschätzt. Nur wenige Jahre lang konnte er die Fotografie als Beruf betreiben, ohne sich dabei finanzielle Sorgen machen zu müssen. Alles, was er sonst immer gemacht hat, hat ihn nicht ernährt, allenfalls seine Tier-, Kinder- und Frauenfotos. Nun hat er sich auch allerdings wenig Sorgen um Geld gemacht, lebte anspruchslos, wurde auch zeitlebens wohl von seiner Familie unterstützt.

Die Illustrierte als Lebensunterhalt. F. S. begann zu fragen, was wollen die Leute, was erwarten sie von mir. Fotografie als Lebenserwartung, was man jeden Tag neu erwartet und was irgendwie eintritt. Seine Fotografie ›kippt‹, im Angewandten gerät sie didaktisch und schief, aber immerhin gefragt für einige Jahre. Leni Riefenstahl wird auch mal von ihm oder seinen Frauen als zeitgenössische Pose zitiert.

Die Unstimmigkeiten fangen beim Sehen an. Die Ereignisse beginnen, sich langsam von außen nach innen zu verlagern (wie auch die Tannenbaumbilder gegen Ende seines Lebens). Draußen findet tendenziell immer weniger statt, das Private versteckt sich. Zwischenmenschliches ist nicht mehr zu fotografieren. Die Konturen sind härter geworden. Bestimmte Schnappschüsse sind nicht wiederholbar. Ein Ausflug der 30er Jahre ist als Foto nicht mehr zu konstruieren, lediglich für Film und Fernsehen, mit den eingebauten Unschärfen, aber bereits mit völlig falschen Geschwindigkeiten.

Die NS-Zeit mit ihren schroffen Mythologien und Erscheinungsformen hat er nicht abgebildet. Er hat an ihr und ihren Bildfassaden vorbeifotografiert. Es gibt von ihm nicht die typischen Nazi-Fotos, die Formationen mit den gewichsten Stiefeln und auch kaum Hakenkreuze, auch nicht die heute oft als Alibi erwünschte fotografische Kritik am Nationalsozialismus. Er hat nur das Kleine, unsichtbar gegen die Zeit Gerichtete und die Frauen im Kopf gehabt.

Im Krieg auf dem Land, um Berlin herum und in Ostpreußen. F. S. zog sich zurück; Trümmer und Frieden, es ging aufwärts. Seidenstückers Fotos vom zerstörten Berlin. Erotik und Zerstörung waren selten so deutlich in der deutschen Fotografie sichtbar. Unsichtbare Geschichtsspuren in den Gesichtern. Seine Trümmerfotos kann man auch als ein Freisetzen der gefesselten Gegensätze, quasi eine Emanzipation der in Zeitlupe frei herumgeflogenen, inzwischen erstarrten Trümmer bezeichnen. Als eine längst fällige Aufhebung, befreit vom Statischen, Rechthaberischen.

Seidenstückers fast menschenleere und stumme Trümmerfotos zeigen nicht den Wiederaufbau, sie zelebrieren einen Moment der Stille, des plötzlichen Stillstandes nach der Zerstörung und vor dem Wiederaufbau; sie verweigern sich den neuen und alten (den alten und wieder neuen) Programmen, ohne daß dieses damals als unzeitgemäß auffiel. Sie fielen zunächst, bis in die 70er Jahre, überhaupt nicht auf. Seine differenzierte, zurückgezogene Haltung oder Lebenseinstellung (die er in die Fotografie und mit ihr transportierte) wurde einfach übersehen. Das Sichüberschlagen der Nachkriegszeit, Zusammentreffen verschiedener politischer Zeitströmungen. Angst davor haben, über die Straße zu gehen, auf der die Kinder schon bald überhaupt nicht mehr spielen können.

Nach 1945 wurde aus der Perspektive der Besiegten und aus den Trümmern Wiederauferstandenen gesehen, nämlich zunächst von unten, aber schon wieder mit ängstlichem Blick nach oben. Dann rutschte die Perspektive weiter nach oben, wie die Röcke der Frauen. Daraus ergibt sich vielleicht die Unschärfe, Unrast der Menge des Sehens der Nachkriegszeit – immer mehr Bilder, immer mehr ›Fortschritt‹.

Der saure Blick der zunächst besiegten Deutschen und die Moral von der Geschichte. Erste freche Hoffnungen in den Gesichtern. Und schon hockten sie alle wieder im Kino – trotz schwerer Niederlage – und guckten zu, was los ist. Die Wochenschauen mit dem abgehalfterten Befehlston . . .

Die Denkformen waren ähnlich vor und nach 1945. Die Blitzkriegsstrategie ging direkt in die Strategie des Wiederaufbaus über; es gab eben nur die Ideologie des schnellen Wiederaufbaus mit der Wachstumsrate (als Antwort auf Sozialismus und umgekehrt), die das immer schnellere Wiederabreißen gleich mit einschloß.

Die Teilnahme am Ritual des kollektiven Vergessens wurde vorgeschrieben. Kaugummikauen als Einstimmung auf die neuen Realitäten. Der Fortschritt im Gleichschritt als wirtschaftlicher Wiederaufschwung und als Pflicht- und Glücksgefühl. ›Es geht wieder aufwärts.‹ Das Palaver, das Gerede nach 1945. Ruhe oder Stille ist nicht mehr gegeben, befindet sich nicht mehr im Bereich der Möglichkeiten. Keiner darf mehr zur Ruhe kommen, koste es, was es wolle. Alles ist wichtig oder wird sofort ungeheuer wichtig. Sprache als versuchte Verhinderung der Bilder, sie zu stoppen oder zu regulieren.

Dazu das Gedudel der Musik in der Vor- und Kriegszeit, in der Nachkriegszeit – übergangslos, zeitlos. Immer die gleiche zu hohe Lautstärke. Dagegen die fehlenden Geräusche in den Bildern von F. S., der zurückgenommene Lärm, der Humor und die Ruhe, die im Einfachen erstarrte – unwichtige – Geste. F. S. ist sozusagen der Meister der kleinen, bedeutungs- oder harmlosen Gesten, die eigentlich längst vorbei sind und schön waren für alle Beteiligten, obwohl sie vergessen sind. Die in sich geschlossene, zurückgenommene Geste; ich nehme zurück, was ich gerade gesagt habe.

Das allgemeine Sichherandrängen an das Abzubildende war nach 1945 anders, forscher. Die Bundesrepublik als liberale Idylle mit Kabelanschluß an den Weltmarkt. Der Führerbunker, von F. S. aufgenommen, ist ein wichtiger Verweis auf die Nachkriegszeit.

Westdeutschland und West-Berlin als Halluzination aus dem Freizeitbunker heraus, leicht unscharf. Veränderung der Rolle Berlins von der geistigen Metropole zur Zentrale der intellektuellen Kriegsführung und der vorgeschobenen Position mit einem entsprechenden kritischen Niveau, sehr laut. Wie sich aus seinen Briefen entnehmen läßt, verstand F. S. zwar die neue Rolle Berlins, wollte sie aber nicht mehr verstehen müssen.

Zerstörung und Erotik, Kriegskultur, Bordellkultur und verdeckte Angst, Angst vor der Sexualität. Die Krise der Fortpflanzung, kollektive Rücksicht einer Gesellschaft zu einem bestimmten Zeitpunkt, als bewußte Verzögerung der allgemeinen Vervielfältigung. Im Krieg und kurz davor wurden noch mehr Kinder als sonst gezeugt. Scheinbar sinnlose Überproduktion. Erotik als Politik, als Aufrüstung. Dann Trümmer, Schrott und Rieselfelder – Abfall als Motiv, als Kehrseite der Erotik hat F. S. zeitlebens interessiert. Im Zwischenmenschlichen hatte sich für ihn die Zerstörung und Umwertung schon lange angekündigt. Sein Leben war eine Zeit der Beobachtung zunehmender, im Kern bereits vorhandener Entfremdung zwischen den Geschlechtern: ». . . die Männer waren damals schon Gecken, und die Mädels saßen bescheiden und kümmerlich daneben . . .« (aus einem unveröffentlichten Brief Seidenstückers über einen Aufenthalt in München vor dem Ersten Weltkrieg).

Die Erotik (Neurotik) nach dem Zweiten Weltkrieg war zunächst Unterwerfungssexualität, Hungererotik, sich an die Besatzer dranwerfen, Bohnenkaffee und Zigaretten in den kalten Betten. Die ersten freiwilligen Anbändeleien der Frauen und jungen Mädchen mit – westlichen und sowjetischen – Besatzungssoldaten. Dazwischen die Deutschen mit den abgeschabten Aktentaschen, erste Schwarzmarkterfahrungen.

Besatzerlook und Heimkehrermentalität, Wiederaufbausexualität, Glauben an den Fortschritt. Mit Geld war sofort alles zu haben. In den Frauengesichtern Seidenstückers ist dieser ›Fortschritt‹ zu spüren: eine neue Form der Direktheit, offene, geile, aber auch schon wieder jammervolle Gesichter nach dem Bombenterror. Manchmal hat man das Gefühl, daß es eher das – vorher – Unschuldige war, was ihn dabei zu interessieren schien.

Der erotische Blick auch als Angst. Seidenstückers Frauengesichter erzählen dies als Vorahnung und Wissen. Anderseits war ihm klar, daß die unbekannten ›schönen‹ Frauen der in aller Öffentlichkeit zur Weiterführung lockende, herausfordernde Ausdruck dieser Zeit waren. Der Primat des Nebensächlichen und Lächerlichen, das Erotische als Stimulans für den sich entziehenden Spaziergänger Seidenstücker, der aber schon seinen eigenen Untergang vorausahnt. Die Freikörperkultur der Jahrhundertwende, die in den 30er Jahren zur Obszönität ›entartete‹. Die Nacktwelle nach dem Zweiten Weltkrieg, die ›Pornografie‹ auch als Ergebnis; das Aufgeben zugleich einer bestimmten Lebensvorstellung und Treue zur Bildvorlage.

Dennoch lernte F. S. notgedrungen, wie alle anderen um ihn herum, die neue hektische Zeit und ihre Regeln kennen und sich ihr unterwerfen. Seine Fotos jedoch interessierten kaum jemanden, die Leute hatten andere Sorgen. Ihm wiederum machten die Techniken der ›neuen Fotografie‹ angst; er fühlte sich als schlechter Fotograf, der nichts mehr mitbekam. Er entwickelte Minderwertigkeitskomplexe. Manchmal stand er beim Fotografieren schon auf der falschen Seite. Mit dem ›Auftrieb‹ der 50er Jahre – und dem erneuten Rückzug ins Private (ins Wohnzimmer) – ist F. S. nicht mehr klargekommen. Ein Beispiel für seine (wiederum) an den Rand gedrängte Lebensform ist die Aufnahme von Otto Suhr (West-Berliner Bürgermeister von 1955 –1957), den er – wie ein Amateurfotograf – aus zu großer Entfernung hinter Schirmen versteckte.

Vielleicht sind aus dieser altersbedingten Ratlosigkeit heraus die teilweise wie erstarrt wirkenden ästhetischen Fotos der 50er Jahre zu erklären (das war aber auch bei den Trümmerfotos schon ansatzweise der Fall). Es waren scharfgestellte Parkaufnahmen ohne Personen, kaum noch Schnappschüsse darunter. Alptraumhafte Genauigkeit und Desinteresse, Nichtbeteiligtsein. Seine Fotos wurden immer leerer. Als seine zahlreichen Freundinnen nach und nach heirateten und ihn immer weniger besuchten, wurde auch Seidenstücker gegen Ende seines Lebens immer einsamer. 1966 starb er wegen Unterkühlung seiner Wohnung und anschließender Überheizung im Pflegeheim im Krankenhaus. Die Zentralheizung hat ihn getötet. Späte Rache der Familie und Gesellschaft, denen er sich durchs Spazierengehen zeitlebens entzogen hatte.

Möglicherweise hatte die plötzliche Wiederentdeckung in seinen letzten Lebensjahren das endgültige Aus für seine Art, für seine altmodische Art zu fotografieren gefördert – man erkennt nur das an, was nicht mehr gefährlich werden kann. Besonders nicht für die Kollegen. Zugleich war er in eine merkwürdige zwiespältige Spannung zu seinem fotografischen Œuvre, Vermächtnis oder Nachlaß geraten. So als könne er sich nun nicht mehr davon trennen. Vorahnung der Ausnutzung bzw. Benutzung nach seinem Tode.

Zur Geschichte Seidenstückers gehört auch die Geschichte seines Nachlasses und einer modisch orientierten Plünderung, das nachträgliche und einträgliche Vermarkten durch den Typus des cleveren Kunstmarktagenten (der den Künstler wegen seiner entgegengesetzten und scheinbar wenig erfolglosen Lebenshaltung eigentlich verachten müßte, obwohl dieser ihn ernährt), für den ein guter Fotograf nur ein toter Fotograf ist, weil ihm dann erst seine Bilder ›gehören‹. Nach der vorangegangenen (marktpolitisch wichtigen) Entwertung der Seidenstückerschen Fotografie erfolgt jetzt langsam die Aufwertung für den US-amerikanischen Fotomarkt.

Insofern setzt sich die Biografie Seidenstückers auch nach seinem Tode fort. F. S. ist jetzt das, was er nie war und auch nicht sein wollte, ein wirtschaftlich erfolgreicher, wenn auch nur noch als ›Negativkartei‹ vorhandener Fotograf. Jeder, der über Fotos von ihm verfügt, glaubt, sie verstehen zu müssen, was aber nicht dazu führt, sie insgesamt zu akzeptieren als ein Dokument visueller Gleichstellung gegensätzlicher alltäglicher Situationen in der Abwesenheit von Bedeutung. Damit hebt man zugleich den spezifischen Reiz dieser Fotografie auf, sie wird domestiziert, der freie Blick wird nachträglich festgelegt.

Je geringer das Verständnis einer solchen Fotografie, um so stärker muß sie ausgerichtet werden nach dem Motto, daß nur der etwas von Fotografie verstehen kann, der etwas von ihr verstehen darf. Das Pragmatische zerstört, indem es das Zufällige ergreift, das Ästhetische. Ironischerweise läßt Seidenstückers Fotografie diese Verwendung zu, ja provoziert sie geradezu. Es ist seine Rache an der Berufsfotografie und ihrer Verwendung (oder auch umgekehrt).

Schon deshalb ist es schwer, den Fotografen Seidenstücker und seine Arbeit zu beschreiben; es geht hier im Grunde genommen weniger um Fotografie als um eine Form des nur am Rande an seiner Umwelt Beteiligtseins. F. S. war ohne ein festes Verhältnis zur Umwelt. Er identifizierte sich nicht, litt aber auch nicht sichtbar an ihr. Freundliche, befremdliche Fotografie. So wie Kinderverführer mit Keksen und Süßigkeiten locken, so lockte F. S. mit seiner Fotografie die Mädchen ins Atelier und stellte sie dort auf sein kleines Bildhauerpodest, nachdem er sie vorher animiert hatte, sich auszuziehen. Hinterher bat er sie höflich, doch beim nächstenmal ihre Freundin auch noch mitzubringen. Jede schöne Frau war für ihn fotografierenswert.

F. S. hat selten gestaltet, er hat einfach draufgehalten, aus der Hüfte, aus der halbgeöffneten hohlen Hand heraus, meist im Rücken der kleinen Ereignisse, im Vorbeigehen. Oder er stand bloß rum, wo was los war. Seidenstücker hat den Fehler, den er in der Bildhauerei gemacht hat – um langsam etwas Elegantes zu machen, hat er die schnelle Skizze in eine polierte Form gegossen, was sehr lange dauerte und wobei die Spontaneität (der Skizze) meist verlorenging – nicht in der Fotografie wiederholen können, weil die Fotografie als schnelles Medium solch langwierige Gestaltungsprozesse auch im nachhinein nicht zuläßt. Blick, klack, entwickeln, vergrößern, Ende. Fotografie ist ein schnelles Billigverfahren, auch im übertragenen Sinne. Dennoch hat er das Klassische, Griechische seiner Bildhauerei in der Fotografie immer wieder auftreten lassen, z. B. in den Posen seiner Freundinnen bei Nacktaufnahmen. Selbst in seinen Trümmerfotos nach 1945, den gestürzten und geborstenen Denkmälern im zerstörten Berlin.

›Im Alltag‹ stand er oft hinter den Personen, deshalb die vielen Rückenpartien, mit dem Rücken zur Kamera stehende Personen (wie bei Caspar David Friedrich), hochgewölbte Hintern. Ähnlich wie der Amateurfotograf. Allerdings geschieht dort die Fotografie verschlüsselter, verschachtelter, verklemmt in ihren kleinlichen, vom Amateurfotografen für sich und seine Umwelt für richtig gehaltenen Lebens- und Glückszusammenhängen. Er reproduziert sie auf sich selbst. Eine Reproduktion schlimmer als die andere. Das Belanglose und zugleich Überzeugende der Bilderberge. In solchen Fotoalben blättern: Die vermeintliche freundliche Naivität wird von versteckten Ordnungsvorstellungen durchkreuzt und auf die Umwelt projiziert. Es ist kein reines Vergnügen – obwohl man ihn immer lieben sollte, aus praktischer Notwehr, den freundlichen deutschen Nachbarn mit Kleinbildkamera, nebenan, mit Arbeitsplatz im Rücken, immer bereit für Fernsehen, Lotto und Neuwahlen.

F. S. hat demgegenüber entspannte, befriedigende Amateurfotografie gemacht: Er hat sozusagen die rechthaberische und therapeutische Funktion dieser Fotografie umgedreht. Sie war nicht anklagend oder klassenkämpferisch, sondern heiter und locker. Auf seinen Schwarzweißfotos sind eigentlich immer alle zufrieden mit sich und der Welt; es werden keine oder wenige Informationen vermittelt. Die Personen werden erst im Augenblick des Fotografierens nett, entgegenkommend oder nachdenklich – entfalten ihre spezifische Drehung zur Kamera. Die Reize, das Augenzwinkern.

Der glückliche Amateur aber will oft etwas anderes als dann dabei herauskommt; er hat sozusagen immer eine Vision und verfügt zugleich über eine Zufälligkeit im Gegensatz zum Berufsfotografen, der meist einen Auftrag hat oder zu haben glaubt. Sich dem Auftrag im höheren Sinne verpflichtet zu fühlen und seine fachliche Kompetenz mit formalen und inhaltlichen Analogien füllen zu müssen. Beide haben recht: Das formale und technische Niveau bedingen und verschlechtern einander permanent unter dem Druck der Ereignisse. Dazu kommt: Jede Negativkartei eines Fotografen – ob Amateur- oder Berufsfotograf – ist ein Versuch der Erfassung und Beeinflussung der Umwelt. Festgelegte formale Überzeugungen und Erfahrungswerte sollen im Umgang mit der Ästhetik, im Dialog mit dem Publikum die Ordnung für alle aufrechterhalten. Zwangsästhetik.

Nur der Künstler kann sich davon freimachen: ziellos im Kleinen herumbasteln und dabei immer besser werden. Durch seine in der Regel unsichere Existenz wird er aber immer wieder zum Teil einer weltweiten Strategie der Unterhaltung und Unterdrückung. Etwas, woran er sich zu halten versucht, der rote Faden, die Wichtigkeit, die Wahrheit, die

Nützlichkeit, fängt plötzlich an, ihn zu irritieren. Aber er braucht das. Es ist das schlechte Gewissen des Künstlers, der Zusammenhang, das gemütliche Beisammensein und das gemeinsame Verständnis von dem, was sein soll.

F. S. kommt von allen diesen Aspekten der Fotografie und ihrer Bedeutung her. Er hatte keinen Ehrgeiz und wollte nicht berühmt werden, bloß nicht auffallen. Das ziellose Herumlaufen: der Abenteurer in der Großstadt, zeitlose Aufenthalte ohne Sinn und Verstand. Sich folgenlos im Wald oder am Strand als grauer Schatten mit einem Blick, ohne Worte, mit der psychischen Neugierde einmischen und als freundlicher älterer Herr im Anzug entdeckt und begrüßt werden. Spazierengehen und wieder verschwinden. Mit den kleinen Kameras unterwegs, Herumschlendern, Warten, wieder nach Hause fahren. Flanierender Voyeurismus. Die Beute der Blicke einfangen und großzügig verteilen (oder verstecken), schnell weitergehen, dann weitersehen. Spazierengehen (mit seinen Freundinnen) als Weltanschauung.

Die Fotografie Seidenstückers kommt einem bestimmten humoristischen Denken bis zu einem gewissen Grade entgegen, schlägt dann aber einen Haken. Etwas Populäres, etwas wie in der Werbung fehlt, das Bejahende. Gibt es dann eine Botschaft seiner Fotografie? Etwa in der Richtung, daß das Menschliche als Gemeinsames Spaß macht? Gibt es eine verborgene Theorie, eine Theorie des Allgemeinen für die Allgemeinheit?

Der Fotograf F. S. hat in seinen Arbeiten immer wieder versucht, Formen der Zusammengehörigkeit als Mitteilung zu zeigen, die eigentlich unterhalb unserer Aufmerksamkeitsschwelle liegen, jedenfalls, so wie man sie sich vorstellt, wie man diese eigentlich, nur aus dem Augenwinkel abgeschossen, im Vorbeigehen praktiziert. Unterhalb der Aufmerksamkeit und der Bedeutung lauern jedoch ganze Welten. Das zutiefst Oberflächliche als das eigentlich Tiefere, Genauere.

Möglicherweise hat Seidenstücker deshalb die eigentliche Nichtarbeit, die Freizeit, am stärksten als immer wiederkehrendes Motiv interessiert und fasziniert, weil sich in diesem gesellschaftlichen Vakuum, in diesem bedeutungslosen Nichts, in diesem zugleich überflüssigen und funktionslosen Verhalten, in dieser Stille und Betriebsamkeit am ehesten etwas über tatsächliche Bezüge und langfristige Veränderungen zwischen Dingen und Personen zeigt.

Rolf Lobeck, im Januar 1987 (überarbeitet von Roland Klemig und Karl Heinz Pütz)

Die Panke an der Karlstraße, Berlin (Ausschnitt), ohne Datum

Die Panke an der Karlstraße, Berlin, ohne Datum

Sanssouci: Fontäne in der Hauptallee, Potsdam, 1938

Zuschauertribüne bei der Hannoverschen Landesgestütsparade in Celle, um 1935
(Aus: Sammlung Kourist)

Esel in der Tretmühle, (Wasserschöpfwerk in Tiefenbrunn bei Magdeburg), um 1930

Friedrich Seidenstücker, Berlin, 1962

Auf dem Laufsteg im Strandbad Wannsee, Berlin, 1949

Pavian mit Kind, 1930 (Aus: Privatsammlung Kassel)

Naturfreunde, um 1947

Moritz, um 1934

Sakrower See, Brandenburg, ohne Datum

Großer Stechlinsee, Brandenburg, ohne Datum

Regen, ohne Datum

Regen, ohne Datum

Ausflug, ohne Datum

Sakrower See, hinter, Westseite, 1933/34, offenbar fluchtartig verlassen, Brandenburg

Bei Corinsee, südl., Brandenburg, 1934

Strandgut, Havel, bei Berlin, 1933

Verteilen des aufgespülten Mülls, Rieselfelder bei Gatow, Berlin, ohne Datum

Während des Spülens, rechts aus dem Rohr, wird das feste Material nach den Seiten verteilt,
Rieselfelder bei Gatow, Berlin, ohne Datum

Tierfreundschaft, um 1935

In den Ruinen des Reichspräsidentenpalais in der Wilhelmstraße, Berlin, 1945

Berlin, 1946

In der zerstörten Neuen Reichskanzlei, Berlin, 1946

Humboldthain, Berlin, 1953

Schinkelplatz (Denkmal am Boden: Karl Friedrich Schinkel,
rechts: Albrecht Daniel Thaer; im Hintergrund die Bauakademie), Berlin, 1946

Bunker im Hof der ehemaligen Reichskanzlei, Berlin, 1946

Werder, Kirschenernte in Berlin, um 1947

Berlin, 1947

Lieper Bucht, März 1956, Berlin

Auf dem Fehrbelliner Platz in Berlin-Wilmersdorf während einer Rede
von Otto Suhr am 3. Juni 1948

Zeltlager, um 1930

Winterabend, ohne Datum

*Potsdam Stadtschloß – links Copie (nach dem rechten Originalgemälde) von Fr. Wilhelm I.,
aber leider mit zwei linken Füßen, Potsdam, ohne Datum*

Park des Tegeler Schlosses, Berlin, um 1950

Weg am Müggelsee - Süden, Berlin, um 1950

Milkendorf, 1943 (vorm. Ostpreußen)

Muskau, nahe Koppel, 1947 (vorm. Niederschlesien)

Weihnachten 1940 (Aus: Sammlung Ann und Jürgen Wilde)

Weihnachten 1958 (Eigenaufnahme)

SEIDENSTÜCKER
Berlin 31, Bundesplatz 16
87 16 91   14 Aug 65

Liebe Kollegenfirma Neusüss!

Aber Sie habe scheinbar ganz vergessen, dass Sie schon 2 Jahre nicht
hier waren, und ich als das neueste aus der Zeit von Ihnen nicht weiss!!
Und auch wohl ,dass sich meine Geburtstags Ausstellung sehr bald zum drit
tenmale jährt. Es war ein verhältnismässig sehr grosser Erfolg für mich, den
ich nur Ihnen und der Gisela verdanke, allein von mir wäre nichts geschehen!
Nun möchte ich, dass Sie als Dank dfür auch selbst erfogreich weiterkämen.
Hier bei uns passiert eigentlich fachlich geschäftlich fast nichts.
Schaller sagt immmer, wir sind hier längst abgeschrieben, und heute sind das
gerade drei Jahre!!
18 Aug. Aber ich muss zurücknehmen: Schaller sagt mit recht, hier ist
nichts los, Berlin ist längst abgeschrieben, also aus geschäftlichen Grün
den brauchen Sie nichr mehr herzukommen, als nur zum Spass und auch nicht
aus Geb. Grü den, denn ich habe leider keine Spass mehr dran ihn zu feiern,
ich gehe mit Ilse irgend wie heraus und damit gut, und verbreite das auch
nachallen Seiten. Mit Weihnachten wirds wohl so ähnlich werden, ich habe keine
Gäste mehr, die habe sich alle verkrümelt. Viel oder die Hauptschuld hat
das entesetzliche Wirtschaftswunder, das allw kaput macht, besonders natürlich die unvernünftigen ganz jugen, die glauben es genügte für ellle Zeiten r
nur ein dummes Gesicht zuvmachen.
Das Wetter ist seit Tagen glänzend, und die verdammte Ilse liegt den ganzen
Tag im Halensee, und ich bi nicht entfernt solche wasserartte, aber ich habe
mich bei der Gelgenheit mit ihr nagfreundet, wei hcsah dass ihr das Wasser
Spass machte, aber ich bin nicht am Wasser geboeren wie sie, bin ein Badewan-
nenemensch.

Aber schreiben Sie wenigstens was Sie denken, ich ja ewig pessimis-
tisch. Also modellfall beobachte ich hier immer unser hkaa

sinniges Europazenter, das jedn Tag am zusammenbrechen ist. In der Zeitung
sethen ja genug warnungen wehegen unseres längst überz ogene Budjets!
Ilse darf ich aber die Laune nicht damit verderben, die isich gerade mit
ausserordentlichem Fleiss und Sparsamkeit aus ihrer Not, Alles verloren zu hal
en, herausgearbeitet hat!!!
und wenn sie nun zu lange draussen bleibt, wei heute z. B. so habe ich angst
es möchte ihr was passiert sein, denn heute gerade haben wir eine Fra beerdig
und ich kann mir vorstellen wie einem Mann zumute ist, wenn er dann p,lötzlich
allein sitzt!!!
In solch trüben Gedanken habe ich mich nun gerade endlich gestern mit
Erfplg entschlossen beim hiesigen Presseverband anzufragen, ob sie eine
Altersbleibe für mich wüssten, und erstaunlicherweise verlief das verhältnismässig positiv. Und andere beglückwünschen mich des halb, und ich bin entsetzt
ev. meine eigenleben aufgeben zu müssen und mit Leuten zusammen zu sein mit
dnen ich vieleicht garnichts anfangen kann, denn ich bin in jder Bezeihung
vom Leeben verwöhnt! . Und soch ruhige Bleibe wie hier bei mir, wo man nie
das geringste jemals hört bekomme ich niemehr.   Und der letzte Benburts
tag mit Ihnen damals mit den unerfreulichen Leuten, die Sie wegen Ihrer gebil
deten Art und Interessen anfeindeten, hat mir nicht mehr g fefalle n, die jun
e Fraus hat inzwischen schon ein Kind, und er ist Schächter und Soldat.
Heute Abend gehe ich zu unserer Sternwarte ,das Neueste z8 höten, aber
auch nicht mehr so ganz sicher, weil ich schon zu alt bin für diese Kopf- Ans
trengung, a ber ich kanns nicht lassen.
H G Ihr

Übrigens unter mir wohnt ein Kollege von Ihnen——— Gabriel!

Brief von Friedrich Seidenstücker an Floris M. Neusüss vom 14.8.1965
(Aus: Privatsammlung Kassel)

Fußballer

ZU FRIEDRICH SEIDENSTÜCKER

F. S. war zuerst ein fotografierender Bildhauer und später ein Fotograf, der auch modellierte, zeichnete und gern Briefe schrieb. Um 1928 vollzog er den Wechsel und übertrug die Arbeitsweise des Auftrag-Bildhauers auf seine Fotografie-Produktion – er wurde Magazinfotograf. Seine Fotos entstanden wie früher seine Zeichnungen und Plastiken, nur ging es, wie er selbst sagte, mit der Fotografie schneller, und es entstand auch entschieden mehr. Er reagierte fotografierend auf seine Umgebung und gab so seine Vorstellung vom Leben in seine Bilder ein.

Seine Bilder erschienen u. a. in: Berliner Illustrirte Zeitung, UHU, Der Querschnitt, Die Neue Linie, Die Dame und Die Woche (siehe Auswahlbibliographie). Was sich zusätzlich verkaufen ließ, vertrieb er über zahlreiche Bildagenturen, von DEFOT (Berlin) bis zu ›BLACK STAR‹ (New York). Mit dem Verlag Ullstein hatte er zeitweilig einen festen Vertrag, obwohl er sich nach seinen Erfahrungen als Ingenieur im Zeppelinbau während des Ersten Weltkrieges nicht mehr in Dienst nehmen lassen wollte, auch nicht als Bildjournalist.

Nach dem Zweiten Weltkrieg betrieb er dann sein zum größten Teil vom Krieg verschont gebliebenes Bildarchiv als eigene Bildagentur. Mit seiner ›Tippe‹ erledigte er bis ins hohe Alter jeden Morgen die eingegangenen Bildanfragen und verdiente so ein Zubrot zu seiner Rente und anderen Einnahmen (u. a. Dividenden). Bis zu seinem Tode benutzte er die Fotografie einerseits zum Broterwerb und andererseits als ein seinem Naturell entgegenkommendes Ausdrucksmittel.

Der Zufall brachte mich mit Friedrich Seidenstücker zusammen. An der gleichen Kunstakademie, an der Seidenstücker in Berlin nach dem Ersten Weltkrieg im Alter von 37 Jahren ein Bildhauerstudium begann, hatte ich 1962 mein Studium der experimentellen Fotografie bei Hajek-Halke gerade beendet und jobbte beim Kunstamt Wil-

mersdorf. Der Bürgermeister von Wilmersdorf, dem Stadtteil von Berlin, in dem Seidenstücker seit 1908 wohnte, wollte den Fotografen, der – wie er sagte – ». . . ein Leben lang immer Elefanten fotografiert hatte, die auf einem Bein stehen«, zu seinem 80. Geburtstag, am 26. 9. 1962, mit einer Ausstellung ehren. Da gerade Urlaubzeit war, sollte ich die Bildauswahl besorgen. Diese Ausstellung – ein Kompromiß zwischen den von mir ausgesuchten, kleinen Fotos und einer Anzahl Vergrößerungen – wurde auf die hauseigenen Anschlagtafeln gepinnt und auf die Galerie des Lichthofs präsentiert. Das Ergebnis befriedigte mich nicht – die Vergrößerungen sollten die Aura der Fotografie aus den zwanziger Jahren mit Gewalt herbeizaubern. Das Alltägliche, Banale der Seidenstückerschen Fotos wurde dadurch akzentuiert und überhöht.

Seidenstücker wollte seine Bilder ohnehin nicht besonders gern ausstellen, er hätte lieber selbst ein Buch mit seinen Fotos gemacht.

Erst bei der zweiten Ausstellung gelang es, der Idee seiner Bilder gerecht zu werden: Die Wiener Galerie Nächst St. Stephan wollte 1967 meine Fotogramme den Arbeiten von Man Ray und Moholy-Nagy gegenüberstellen. Ich schlug dazu noch eine Bildreihe von Friedrich Seidenstücker vor, die ähnlich angelegt war wie der von Rolf Lobeck und mir hier im letzten Drittel des Buches zusammengestellte Text- und Bildessay. Der Leiter der Galerie, Monsignore Mauer, einer der intellektuellen Beweger der avantgardistischen Kunstszene Wiens zu dieser Zeit, war sofort einverstanden, weil er erkannte, daß diesen Bildern eine Lebenshaltung abzulesen war, die an der Vernunft der Zeit vorbeilief. Diese Haltung wurde von Seidenstücker ohne Anstrengung gelebt, weshalb auch seine Fotos mehr vom Körper als von den Möglichkeiten der Kamera bestimmt waren. Er schuf einen Bildtyp, der sich aus vielen, fast beliebig zusammengesetzten Bildern ergibt, und entnahm die Bildmotive seiner Umgebung, ohne sie mit den Mitteln der ›Neuen Fotografie‹ zu überhöhen.

Seine ca. 15 000 Fotografien stehen als Ganzes für sein künstlerisches Werk. Seine wenigen veröffentlichten Bilder in den großen Berliner Publikumszeitschriften zwischen den Kriegen bekamen jedoch dort eine von seinem Werk unabhängige

Bedeutung unterlegt, die ihn bis heute verfolgt.

Der nach seinem Tode gepflegte Umgang mit seinen Bildern ist eher ein bürokratischer. Es entstanden zumeist Inventare unter nostalgischer Sicht auf die abgebildeten Dinge und Situationen: Handwerker zu Handwerkern, Tiere zu Tieren, Mädchen zu Frauen, entsprechend dem Wiederaufbau der allgemeinen Einteilung.

Der Seidenstücker-Nachlaß ist, als Ganzes betrachtet, eine Menge sich der Vernutzung entziehender Bilder. Der Zoo-Historiker und Sammler Werner Kourist beispielsweise hält von seinen rund 7000 Seidenstücker Tier- und Zoobildern nur etwa 2000 für ›brauchbar‹. Ein so ›unbrauchbares‹ Werk, an dem sich die Lebensführung Seidenstückers ablesen läßt, ist in der Fotografie-Geschichte des 20. Jahrhunderts ohne Beispiel.

Floris M. Neusüss, im Februar 1987

Der Sport-Fotograf

Der Schatten folgt ihm

LEBENSLAUF (1928)

Bildhauer F. Seidenstücker
Berlin-Wilmersdorf, den 4. Mai 1928
Kaiser-Platz 17

1882 wurde ich in einer kleinen westfälischen Stadt am Rande des Industriegebietes als Sohn eines Richters geboren; wir lebten in gut auskömmlichen Verhältnissen. Mein Vater war tolerant und gutmütig uns Kindern gegenüber, daher wurden wir weich erzogen, was sich später rächte. Von Jugend auf war ich Träumer und Phantast und spät entwickelt, immer nur Schwärmer für die Natur. Das Träumen zog ich immer dem Aufpassen in Schule, Kirche und Kolleg vor. In der Schule war ich wenig hoffnungsvoll; meine Jugendlektüre bildete immer nur das Konversationslexikon, und daher datiert mein Haß gegen alles Weitschweifige. Später entwickelt als meine Kameraden, war ich verträumt und dem praktischen Leben gegenüber wenig widerstandsfähig. Mühsam mußte ich später 20 Jahre lang Stück für Stück selbst in mir entwickeln. In der technisch begeisterten Zeit um 1900 wurde ich Maschinenbauer und war glücklich, keinen Zweifel in der Wahl meines Berufes zu haben.

In meiner Familie steckte jedoch ein Zeichentalent; herangewachsen beschloß ich, dieses zu entwickeln und bildete mich in der Folge bewußt in der Kunst und anderen Fächern aus. Vielseitiges Interesse war ein bevorzugte Eigenschaft bei mir. Ich bin immer Autodidakt geblieben. Meine Lehrer wollten nie viel von mir wissen, weil ich ihre Methoden nicht kritiklos hinnahm. Nie war es mir möglich, eine Detailarbeit auszuführen, wenn ich das Gesamte nicht kannte; meist unverständlich für meine Umwelt.

Ich zeichnete zunächst, haute aus Mangel an Ton in Gips aus und modellierte dann mühsam, wie es in einer Kleinstadt nicht anders möglich war. Eigentlich erst 20 Jahre später habe ich andere Bildhauer modellieren sehen. Die Kunst-Technik ist mir immer

sehr schwer gefallen. Das Aushauen in Marmor hat mir in jüngeren Jahren viel Freude gemacht. Zum Schluß meiner maschinentechnischen Ausbildung kam ich nach Berlin und blieb dort fast immer, mit Ausnahme eines kürzeren Aufenthalts in München, Rom und Paris. Ich habe nie gute Lehrer gehabt, auch keiner meiner Mitschüler ist etwas besonderes geworden.

Der Krieg brachte mich wieder in die Technik, zum Glück zu den Zeppelinen und Flugzeugen, seinerzeit sehr interessant für mich. Wer aber jemals in der Kunst Blut geleckt hat, läßt nicht mehr von ihr. Als Nebenberuf habe ich sie nie betreiben mögen, obwohl meine Eltern mit meinem Künstlertum nie einverstanden waren. Eine zeitweilige Beschäftigung in beiden Berufen gleichzeitig erfolgte auf Kosten der Nerven. Das Interesse für beide Berufe gleichzeitig überhaupt ging auf Kosten der Nerven in meinem ganzen Leben. Die beiden Berufe sind offenbar unvereinbar.

Nach dem Kriege packte mich wie alle übrigen der Trieb zur Erneuerung. Ich versuchte es noch einmal mit bestem Willen an der Akademie, weil meine technische Geschicklichkeit mir nie genügte, aber nur mit geringem Resultat.

In der Jugend begann ich, wie jeder Bildhauer, mit Michelangelo, dann fesselte mich der Tierbildhauer Barye am meisten. Im Impressionismus bin ich aufgewachsen, die impressionistische Skizze lag meinem nervösen Naturell und meiner wenig sorgsamen Technik gut. Aber später entzündete ich mich am Expressionismus, denn stehenbleiben wollte ich nicht. Alles Lebendige, alle leidenschaftlichen Vorgänge, die flüssigen Linien und Formen der Frauen, das Groteske und die dekorative Charakteristik der Tiere fesselten mich am meisten. Die bewegliche Bronze kam meiner Vorliebe also mehr entgegen als der schwerfällige Stein. Die Fassung der Idee, wie bei allem, blitzschnell, aber die Ausführung langsam und mühselig, durch viele Zweifel und Zwischenstadien. Ein schnelles Fertigmachen in kurzer Zeit gelingt mir selten.

Seidenstückers Geburtshaus (Bildmitte) in Unna/Westfalen
(Aus: Museum für Kunst und Gewerbe, Hamburg)

LEBENSLAUF (nach 1945)

Seidenstücker
Berlin-Wilm., Bundesplatz 16
87 16 91

Geboren bin ich am 26.9.82 in Unna/Westfalen. Mein Vater war Richter und Jäger, und ich lief viel mit ihm heraus und befaßte mich im übrigen mit der Technik und wurde auch zunächst Maschinenbauer und glaubte, ich würde auch nie was anderes werden. Für Tiere habe ich mich schon immer interessiert. Amateurfotografie übte ich früh aus mit selbstgemachtem kleinen Apparat in der damals üblichen Weise, und knipste Witze mit meinen Geschwistern. War dann auf einer Maschinenbauschule in Hagen und dort bekam ich äußerliche Anregung zur Bildhauerei. Ging hospitierend nach Berlin, hörte aber nur 1 Stunde Kolleg an der TU und blieb dann Bildhauer. War einige Jahre in der dortigen Kunsthochschule, ging bald nach München für ein Jahr, von da kurz nach Italien und Paris. Als ich zurückkam, bezog ich ein Atelier in Wilmersdorf, damals Kaiserplatz 17, Atelierhaus. Dort arbeitete ich sehr lange und stellte auch in Berliner Ausstellungen aus. In München hatte ich schon bei einem Steinbildhauer gut und gern Steinhauen gelernt und später hier in Berlin in der bekannten Bronzegießerei von Noack das Ziselieren.

Dann kam reichlich überflüssig und überraschend der Erste Weltkrieg, der alles über den Haufen warf und niemand kümmerte sich um Kunst. Ich hatte Glück und kam bei dem Zeppelinbau damals in Wildpark bei Potsdam als technischer Konstrukteur an und blieb auch während des ganzen Krieges Flugkonstrukteur, und zwar in allen Spezialfächern bis Fallschirmen. Und dann war ich froh, daß ich den Quatsch los war. Ich machte dann gleich wieder Bildhauerei und war froh, daß ich wieder allein war und ging dauernd in den Zoo. Des Zoos wegen war ich 1904 nach Berlin gekommen. Und anschließend fingen die bekannten glücklichen Zwanziger Jahre an, die habe ich fleißig mitgemacht. War erst Impressionist, denn in der Zeit bin ich aufgewachsen und mauserte mich in diesen Jahren zum Expressionisten. Dann kam aber der bekannte wirtschaftliche Rückschlag, den Hitler ausnutzte. Ich erlahmte mit, hatte im Bildhaueratelier im gleichmäßigen Nordlicht das Fotografieren gelernt und in allen Fächern und im Zoo ausgeübt. Als nun die wirtschaftlich faule Zeit begann, und wir nichts mehr verdienten, ging ich zur Zeitung, zu Ullstein, und bot meine Akt- und Tierfotos an und hatte damit zu meiner eigenen großen Überraschung sehr bald guten Erfolg. Etwa von 1928 bis 1939, als der nächste Krieg anfing. Diese ganze Zeit bekam mir schlecht, aber ich hütete mich, mich als Maschinenbauer bekannt zu machen, und blieb dadurch vom Krieg verschont.

Bis zum heutigen Tage fotografiere ich noch alles, Landschaften, Menschen und Tiere mit dem größten Interesse.

Selbstporträt um 1955

Anmerkung zu Seidenstückers Lebensläufen:

Der erste wurde von F. S. am 4. Mai 1928 geschrieben. Er bezeichnet sich darin noch als Bildhauer. Die Angabe »Kaiserplatz 17« verweist auf das Bildhaueratelier (heute: Bundesplatz) in Berlin-Wilmersdorf, das F. S. entweder schon gleich nach Abschluß seiner Studien an der Königlichen Technischen Hochschule Charlottenburg um 1910 oder aber gleich nach dem Ersten Weltkrieg um 1920 bezogen hat.

Er unterhielt in seinen ersten Berliner Jahren auch noch eine Wohnung in der Mainzer Straße 22 (Quelle: Stempel auf einer Bildrückseite in der Sammlung Wilde).

Um 1928/30 gab F. S. die Bildhauerei beruflich auf und zog ins Nebenhaus, Kaiserplatz 16, 2. Hof, in die Dachgeschoßwohnung, in der er bis Mai 1966 lebte.

Der zweite Lebenslauf ist nach dem Zweiten Weltkrieg geschrieben. Er wurde mir von F. S. um 1962/63 zur Vorbereitung seiner Ausstellungen gegeben.

Den Text »Wie ich anfing« verfaßte er um 1963/64 für die gleichnamige Reihe in der Zeitschrift »Photo-Informationen«, die von der Fachstelle für Jugendfotografie beim Foto-Industrieverband in Frankfurt/M. herausgegeben wurde. Sein Beitrag wurde aber nicht veröffentlicht.

Teile des Seidenstückerschen Archivs wurden in den letzten Kriegstagen zerstört: »Die dämlichen Skelettköpfe von dem Roland sind natürlich erhalten und auch ein Film mit Publikum, dessen Bild Sie schon mal angenagelt hatten. Alle anderen Filme sind aber in der Russendurchbruchsnacht vorn im Keller in Rauch aufgegangen. Und trotzdem war ich am anderen Morgen froh, daß ich alle Positive gerettet, weil ich eben halbiert hatte« (F. S. an Floris Neusüss, 1964).

Floris M. Neusüss
(Lebensläufe aus: Privatsammlung Kassel)

143

SEIDENSTÜCKER-STEMPEL AUF BILDRÜCKSEITEN

SEIDENSTÜCKER
BERLIN-WILM, KAISERPL. 17
H 7, UHL. 8413 (Mögl. morg. u. abds.)
OHNE NAMENSNENNUNG
DREIFACHES HONORAR!

(ab ca.1909, anfänglich mit Zusatz: Bildh.)

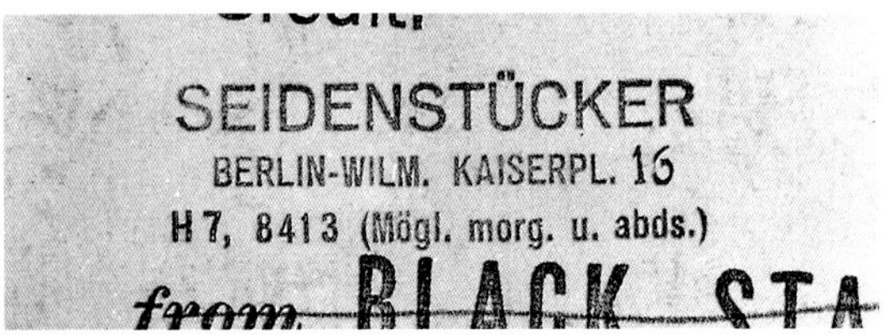

SEIDENSTÜCKER
BERLIN-WILM. KAISERPL. 16
H 7, 8413 (Mögl. morg. u. abds.)
from BLACK STA

(nach 1928)

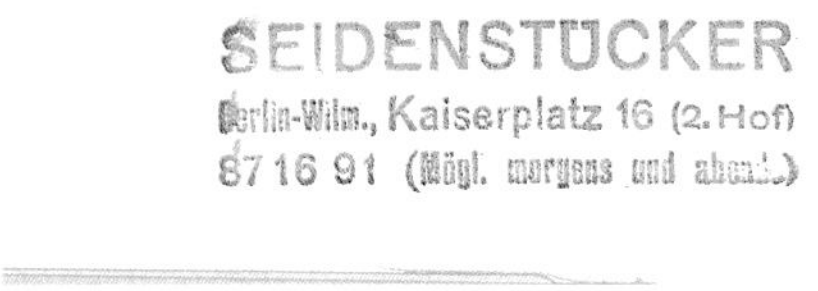

SEIDENSTÜCKER
Berlin-Wilm., Kaiserplatz 16 (2. Hof)
87 16 91 (Mögl. morgens und abds.)

(gelegentlich nach 1945 noch in Gebrauch)

SEIDENSTÜCKER
Berlin-Wilm., Bundesplatz 16
87 16 91

(nach 1945; oft nachträglich gestempelt)

als Zusatzstempel: Leihweise!
oder:
Zool.-Gart. Berlin wünscht dringend Nennung
oder:
Ohne Namensnennung
dreifaches Honorar!

Anmerkung:
Die Rückseitenstempel können (wenn auch mit Vorsicht) zur Altersbestimmung der Fotos herangezogen werden. So sieht man z. B. an der Verwendung unterschiedlicher Stempel bei Serien, welche Bilder ›nachvergrößert‹ wurden bzw. wo und wann Negative vorhanden waren.

144

Lieber Herr Seidenstücker,

hier schicke ich Ihnen Ihre wunderbaren Fotos zurück, am liebsten möchte ich alle haben so schön sind sie! Nun habe ich welche angekreuzt in einer Ecke, wenn Sie mir die gelegentlich machen könnten, das wäre schön. Fünf habe ich schon, drei Tiere und zwei Akte. Als kleines Gegengeschenk gegen die 10, die Sie mir im Ganzen schenken wollen, was mich schrecklich freut, schicke ich Ihnen gleich eine vor Kurzem entstandene Radierung. Gute Gesundheit und gute Weihnachten! Herzliche Grüße auch von meinem Mann Ihre

Reneé Sintenis

Brief von Renée Sintenis an Friedrich Seidenstücker vom 20.12.1936
(Privatbesitz Gisela Abraham)

Laſſen ſich Kinder anſprechen? Ein Experiment in den Straßen Berlins

„Du, Kleine! Willſt du dir 'n Groſchen verdienen?"

Der erſte Verſuch: Die Verſuchsperſon (ein Berliner Schulmann) bittet ein Mädel von 11 Jahren, ihm Zigaretten zu holen. Das Wechſelgeld ſoll ſie behalten. Im Hinterhof eines Hauſes will er auf ſie warten...

Der Verſuch glückte nur zu gut:

Mit gedankenloſem Eifer hat die Kleine den Auftrag ausgeführt und ſtolpert jetzt in den unbekannten Hauseingang, um im Hinterhof die Zigaretten abzuliefern. Wenn der Mann, der dort auf ſie wartet, nun keine harmloſe Verſuchsperſon wäre...?

Kinder ſind zu vertrauenſſelig
und Erwachſene zu gleichgültig !

Unter den Augen der Mutter...

Ein anderer Verſuch: Diesmal hat ſich der Schulmann aus einer Gruppe ſpielender Jungen einen herausgeſucht und ihn gebeten, Wäſche abzuholen und ihm in die Wohnung zu bringen. Der Junge — ſehr vernünftig — geht erſt ſeine Mutter fragen, aber die Mutter findet nichts dabei, erlaubt ihm die Beſorgung, und...

Ein Bildbericht
von den Gefahren
der Straße

Fünfzehn Verſuche ſtellte unſer Berichterſtatter unter Aufſicht der Berliner Polizei an, Kinder durch Verſprechungen oder Aufträge aus einem Kreis von Spielgefährten oder Erwachſenen fortzulocken; nicht weniger als 13 gelangen! Was vom Schreibtiſch aus nur ein lehrreiches Experiment zu werden verſprach, hat ſich unter den Händen der Verſuchsperſonen in ein erſchütterndes Dokument

... in die Wohnung eines
Fremden!

... Seite an Seite mit dem Unbekannten verläßt der Junge den Spielplaß. Welche Vorwürfe müßte ſich dieſe Mutter machen, wenn die Beſorgung nur der Vorwand eines gefährlichen „Kinderfreundes" geweſen wäre!

Im Auftrag der *Berliner Illustrirten Zeitung* fotografierte Friedrich Seidenstücker 1934 diese Serie mit versteckter Kamera. Der Mann, der die Kinder ansprach, war ebenfalls für diese Aktion engagiert worden.

„Wir wiſſen von nichts…"

Ein neuer Verſuch: In einem Park des Weſtens iſt abermals ein vertrauensſeliger Knabe fortgelockt worden. Drei Schritte entfernt haben Erwachſene geſeſſen; aber als eine Minute ſpäter ein Schutzmann ſie nach dem Vorgang fragt — haben ſie „nichts bemerkt!"

Sind Mädchen vorſichtiger?

Dieſe zwei berieten lange Zeit flüſternd, ob ſie den Auftrag, den ihnen der Fremde geben wollte, übernehmen ſollten. Aber dann fiel ihnen vielleicht eine Mahnung der Mutter ein, und…

verwandelt, das alle Eltern eindringlich mahnt: Achte auf dein Kind, dein koſtbarſtes Gut! Ueberwache ſeinen Verkehr! Warne es vor dem gefährlichen „Kinderfreund", der mit Vorliebe Kindern etwas ſchenkt, um ſie zutraulich zu machen! Verbiete deinem Kind, für Fremde Beſorgungen zu machen! Drohe nicht mit dem Schutzmann, ſondern präge deinem Kinde ein, daß der Schutzmann ſein beſter Freund auf der Straße iſt! Kinder ſind von Natur vertrauensſelig; ſei wenigſtens du nicht gleichgültig!

In heller Aufregung.

Die Verſuchsperſon hat durch Verſprechungen einen Spielgefährten an ſich gelockt und fortgeführt. Dem gleich darauf erſcheinenden Polizeibeamten ſtürzt ein Sechsjähriger entgegen: „Eben hat ein Mann einen Jungen mitgenommen!" Die Meldung des Kleinen war die einzige, die während der geſamten Verſuche dem Beamten gemacht wurde.

… haſtig wie vor einer Gefahr

eilten ſie davon. Dieſer Verſuch war mit noch einem anderen zuſammen der einzige, der negativ, alſo gut verlief.
Aufnahmen: Seidenſtücker-Fotografia

Eine Auswahl der Seidenstücker-Fotos erschien in der
Berliner Illustrirten Zeitung am 21. 7. 1938 (47. Jahrgang, Nr. 29)

SAMMLUNGEN

ÖFFENTLICHE SAMMLUNGEN

Bundesrepublik Deutschland (inkl. Berlin-West)

Bildarchiv Preußischer Kulturbesitz (bpk), Berlin
(Seidenstücker Nachlaß mit ca. 5000 Original-Negativen und Vintage Prints; siehe Bestandsverzeichnis)

Berlinische Galerie, Fotografische Sammlung, Berlin
(Vintage Prints; Leihgaben des bpk; Bestandskatalog)

Hellweg Museum, Unna/Westf.
(Abzüge, Messingskulptur)

Museum Folkwang, Essen
(18 Abzüge; Bestandskatalog)

Museum für Kunst und Gewerbe, Hamburg
(14 Ausstellungsvergrößerungen; Bestandskatalog)

Rheinisches Landesmuseum, Fotografische Sammlung, Bonn

Wallraf-Richartz-Museum/Museum Ludwig, Fotografische Sammlung, Köln
(Sammlung Gruber; 2 Bestandskataloge)

Ausland

Center for Creative Photography, University of Arizona, Tucson, USA

Museum of Modern Art, New York, USA

Museum of Modern Art, San Francisco, USA

Sammlung Fotografis Länderbank, Wien, Österreich

GRÖSSERE PRIVATSAMMLUNGEN

Sammlung Petra Benteler, Bielefeld und Houston, Texas (USA)

Sammlung L. Fritz Gruber, Köln

Sammlung Fritz C. Gundlach (PPS), Hamburg

Sammlung Werner Kourist, Linz/Rhein (ca. 7000 Zoo- und Tierbilder aus dem Nachlaß; Original-Negative und Vintage Prints; siehe Aufstellung)

Sammlung Marzona, Düsseldorf

Sammlung Floris M. Neusüss, Kassel

Sammlung Ann und Jürgen Wilde, Zülpich-Mülheim/Eifel
(siehe Aufstellung)

*Anm.: Einzelne Vintage Prints von Seidenstücker finden sich in vielen Sammlungen und Galerien (z. B. bei Christian Diener, München; Tim Gidal, Jerusalem, und Bob Lebeck, Hamburg), aber auch in Verlagsarchiven (u. a. bei Brockhaus, Mannheim, und Ullstein, Berlin). Umfangreiche Materialien (Fotos, Skulpturen, Zeichnungen, Briefe etc.) sind im Besitz von Freunden (wie Gisela Abraham, Hamburg, und Loni Hagelberg, Berlin) und Verwandten.
Das Verzeichnis wurde zunächst von Anna Neusüss zusammengestellt und ergänzt.
Die drei größten Sammlungen befinden sich im Bildarchiv Preußischer Kulturbesitz, bei Werner Kourist (Privatsammler) und bei Ann und Jürgen Wilde (Kunsthändler). Ihre Bestände werden im folgenden einzeln aufgeführt.*

BESTANDSVERZEICHNISSE

Bildarchiv Preußischer Kulturbesitz (bpk), Berlin
(Nur Original-Negative und -Kontakte, ohne Vintage Prints, Repros und Abzüge)

Orte Deutschland:

Landschaften/Sächs. Schweiz *1866*

Löhme, Magdeburg, Marwitz,
Metrow, Mittenwald,
Münster *1867–1878*

Neu Golm, Oldenburg, Parstein,
Pehlitz, Rheinsberg, Rostock,
Strausberg *1879–1906*

Landschaften/
Schorfheide *1907–1919*

Seen/Märkische Seen *1920–1959*

Kassel-Wilhelmshöhe, Klein-Ziethen,
Königswusterhausen *1960–1981*

Landschaften/Masuren *1982–1988*

Landschaften/Westfalen
1989–2006

Landschaften/Harz *2007–2008*

Landschaften/Oder- und
Warthebruch *2009–2014*

Sakrow, Soest, Schildow,
Spechthausen, Stolpe
2015–2056

Caputh mit Schloß, Park, See
Celle mit Schloß, Park
Chorin *2057–2070*

Felsen/Drachenfels *2071–2073*

Ulm, Utz, Wildpark, Wilkendorf,
Wörlitz, Woltersdorf *2074–2095*

Inseln/Rügen *2096–2102*

Potsdam, Sanssouci *2103–2150*

Wilmersdorf, Kreis Beeskow-
Storkow *2151–2154*

Hangelsberg, Haselberg, Hönow,
Heidelberg und
Hildesheim *2155–2166*

Dahmsdorf, Dannenwalde,
Dortmund, Dresden *2167–2184*

Falkensee, Fürstenwalde, Gransee,
Guben *2185–2198*

Alt Landsberg, Bernau, Babelsberg
mit Schloß und Park *2199–2253*

Bonn, Brandenburg,
Brühl *2254–2273*

Potsdam, Stadtschloß
innen *2274–2277*

Potsdam, Stadtschloß außen,
Marstall *2278–2287*

Flüsse/Oberspree *2288–2289*

Flüsse/Elbe bei Dessau,
Noltekanal *2290–2298*

Landschaften/Mark Brandenburg,
Blumenthal und
Umgebung *2299–2317*

Landschaften/Mark Brandenburg,
(Rauensche Berge bei
Potsdam) *2318–2325*

Strausberg, Stuttgart, Trappenfelde,
Trebbin *2326–2350*

Potsdam, Sanssouci *2351–2528*

Orte Europa:

Dänemark,
Kopenhagen *2529–2576*

Schweden *2577–2598*

Orte Afrika/Ägypten:

2599–2606

Sonstiges:

Plastiken *2650–2651*

Porträts/Künstler/
Sintenis-Werke *2614–2649*

Schriftsteller Deutschland/
Pückler-Muskau/
Orte – Parkanlagen *2652–2688*

Seidenstücker/Wohnung
und Grab *2689–2707*

Völkerkunde Deutschland/
Volks- und Berufstypen/
Ostpreußen *2607–2613*

Sammlung Werner Kourist, Linz
(Original-Negative und Vintage
Prints)

Zoologischer Garten Berlin
unzerstört bis etwa 1943:
1160 Fotos

1943 bis Kriegsende: 35 Fotos

Nach dem Krieg und
Wiederaufbau:
65 Fotos

Andere deutsche Zoologische
Gärten: 220 Fotos

Tier-Komik
(Spiegeleffekte): 55 Fotos

Haustiere und ›Freiland‹ etc.:
735 Fotos

Weitere Tierfotos (von minderer
Bedeutung und Qualität)
ca. 5000 Fotos

Sammlung Ann und Jürgen
Wilde, Zülpich-Mülheim
(Vintage Prints)

Berlin/Menschen in Parks, Zoo,
Straßen, Trümmerbilder u. a.:
145 Fotos

Tiere: 196 Fotos

Freundeskreis von Seidenstücker,
Kinder, Familie,
Freizeit: 40 Fotos

Sport/Gymnastik, Schwimmen,
Schlittschuhlaufen: 55 Fotos

Aktaufnahmen: 45 Fotos

Selbstporträts bzw. Aufnahmen von
Seidenstücker: 8 Fotos

Bücher und Zeitschriften mit
Abbildungen seiner Fotografien
Plakate
Aktzeichnungen
Skizzen zu seinen Plastiken
Fotos von seinen Plastiken
Briefe (meist in Kopie)

Foto um 1925 (Aus: Sammlung Rolf Lobeck)

Foto um 1950

AUSSTELLUNGS-VERZEICHNIS

(Einzelausstellungen und
Ausstellungsbeteiligungen; in
chronologischer Reihenfolge)

26. 9.–20. 10. 1962
»Seidenstücker – Plastiken 1923 bis
1927 – Fotografien 1928 bis 1962«
Ausstellung zum 80. Geburtstag von
F. S. im Rathaus Wilmersdorf, Berlin
(Einzelausstellung; zus.-gest. von
Floris M. Neusüss; veröff.: Plakat,
Faltblatt, Einladungskarte)
Anm.: Erste Einzelausstellung;
mit 6 Plastiken aus den Jahren
1923–1927 und 8 Tafeln mit Foto-
grafien von 1928–1962. Die Ausstel-
lung wurde im **Januar 1963** von
Fritz Kempe in der Landesbildstelle
Hamburg gezeigt.

10. 1.–28. 1. 1967
Lichtgrafik von Man Ray, Moholy-
Nagy, Neusüss und Seidenstücker
Galerie Nächst St. Stephan, Wien
(Zus.-gest. von Mg. Otto Mauer;
veröff.: Plakat und Einladungskarte)

15. 1.–15. 2. 1974
»Friedrich Seidenstücker 1882–1966:
Beobachtungen«
Fotoforum Kassel
(Idee und Realisation: Floris M. Neu-
süss; Text: Dr. Werner Doede; ver-
öff.: Plakat und Waschzettel)
Anm.: Erste Retrospektive nach dem
Tode von F. S. mit einer Auswahl von
ca. 300 kleinformatigen Vintage
Prints aus den Sammlungen Gruber
und Neusüss. Auch diese Ausstellung
wurde von Fritz Kempe – im **Januar
1975** – in der Landesbildstelle
Hamburg gezeigt.

1. 3.–12. 4. 1975
»Photogalerien in Europa«
Galerie Spectrum, Hannover
(Beitrag F. S. vom Fotoforum Kassel;
veröff.: Katalog)

10. 12. 1976–9. 1. 1977
(**Wanderausstellung**)
»400 Jahre Zoo«

Rheinisches Landesmuseum, Bonn
(Einzelausstellung; zus.-gest. von
Klaus Honnef und Werner Kourist;
Kourist ist auch Hg. eines gleichna-
migen Kataloges)
Anm.: Diese Ausstellung wurde vom
23. 2.–30. 4. 1977 im Nord-
deutschen Landesmuseum (Altonaer
Museum), Hamburg, und vom **8. 4.–
4. 6. 1979** im Historischen Museum
Hannover gezeigt.

24. 6.–2. 10. 1977
documenta 6, Abteilung: Fotografie,
Kassel
(Beitrag F. S. erst. von Klaus Honnef
und Evelyn Weiss; veröff.: Band 2:
Foto, Film, Video, des dreibändigen
Kataloges zur Ausstellung)

15. 9.–15. 10. 1979
Galerie Wilde, Köln
(Einzelausstellung;
veröff.: Einladungskarte)
Anm.: Die Galerie Wilde hatte
bereits **1978** einen Beitrag F. S.
ausgestellt.

19. 1.–21. 2. 1979
't Venster – Rotterdam Arts
Foundation, Rotterdam
(Einzelausstellung;
veröff.: Einladungskarte)

23. 4.–31. 5. 1980
»Friedrich Seidenstücker –
Fotografien 1920–1960«
Galerie Breiting, Berlin
(Einzelausstellung)

1980 (*Wanderausstellung*)
»Avant-Garde Photography in
Germany 1918–1939«
San Francisco Museum of Modern
Art, San Francisco, USA
(Beitrag: F. S.; Kurator: Van deren
Coke; ebfs. Hg. eines gleichnamigen
Kataloges)

10. 3.–16. 4. 1981
RES Foto-Galerie, Hamburg
(Einzelausstellung; veröff.:
Einladungskarte)

23. 6.–27. 8. 1982
»Photo-recycling Photo – Die Foto-
grafie im Zeitalter ihrer technischen
Reproduzierbarkeit«
Fotoforum Kassel
(Beitrag F. S.; zus.-gest. von Floris
M. Neusüss; veröff.: Katalog)

17. 9.–12. 10. 1982
photokina, Köln
Bilderschauen in der Kölner Kunst-
halle
(Kurator: Manfred Heiting; Beitrag
F. S.; zus.-gest. von der Galerie
Wilde; veröff.: Katalog »Fotografie
1922–1982«)

17. 9.–12. 12. 1982
Photo Art 1
Kölner Kunstverein (zur photokina
1982), Köln
(Hier boten die Galerien Dröscher,
Hamburg, und Benteler, Bielefeld
und Houston, Texas, Fotografien von
F. S. an)

22. 10. 1982–30. 1. 1983
»Berlin fotografisch – Fotografie in
Berlin 1860–1982«
Berlinische Galerie, Berlin
(Beitrag F. S.; Kurator: Janos Frecot;
veröff.: gleichnamiger Katalog und
ein Plakat nach einer Fotografie von
F. S.)

1983
»Art-Hats«
Harlekin Art Galerie, Wiesbaden
(Beitrag F. S.; veröff.: Katalog)

25. 9.–31. 12. 1983
»Straßen und Menschen – Foto-
grafien von Friedrich Seidenstücker«
Hellweg Museum, Unna / Westf.
(Einzelausstellung; Oberpostdirek-
tion Dortmund; zus.-gest. von Jürgen
Wilde)

9. 12. 1983–28. 1. 1984
(*Wanderausstellung in
Großbritannien, 1 1/2 Jahre*)
»The View from Above«
London
(Beitrag F. S.; veröff.: gleichnamiger
Katalog)

19. 1. 1984
Galerie PRO PHOTO, Nürnberg
(Einzelausstellung;
veröff.: Einladungskarte)

4. 10.–4. 11. 1984
»Sammlung Gruber – Photographie
des 20. Jahrhunderts«
Wallraf-Richartz-Museum, Köln
(Beitrag F. S.; Kurator: Reinhold
Mißelbeck; veröff.: Bestandskatalog
der Sammlung)

23./24.11.1984
»GOD DOG Erdmann«
II. Kasseler Totengespräch
(Beitrag F. S.; veröff.: gleichnamiges
Katalogheft)

16.11.–21.12.1986
»Friedrich Seidenstücker: Fotos aus
dem Zoo Berlin 1925–1940
Hellweg Museum, Unna/Westf.
(Einzelausstellung der Sammlung
Kourist; Idee und Realisation:
Werner Kourist, ebfs. Autor/Hg.
eines gleichnamigen Ausstellungs-
kataloges; 2 Plakate, Einladungs-
karte)

8. 5.–27. 6.1987
(Wanderausstellung)
»Der faszinierende Augenblick –
Fotografien von Friedrich
Seidenstücker«
Bildarchiv Preußischer Kulturbesitz,
Staatsbibliothek, Berlin
(Einzelausstellung; veröff.: gleich-
namiger Katalog/Buch und Plakat)

Anm.: Es sind – mit Ausnahme von
1962 (Berlin) – nur Ausstellungen
nach dem Tode Seidenstückers
berücksichtigt worden. Ob seine
Fotografien zwischen den beiden
Weltkriegen ausgestellt wurden, ist
nicht bekannt. Allerdings war er in
dieser Zeit mit seinen Plastiken
an verschiedenen Ausstellungen
beteiligt.
Die im Ausstellungsverzeichnis auf-
geführten Kataloge mit Arbeiten von
und über F. S. sind nicht in die Aus-
wahl-Bibliographie aufgenommen
worden. Das Verzeichnis wurde zunächst von Anna Neusüss zusammengestellt und ergänzt.

Foto um 1950

AUSWAHL-BIBLIOGRAPHIE

I. ZEITSCHRIFTEN

Bildveröffentlichungen, z.T. mit Texten von und über F. S. (alphabetisch; chronologisch)

A. Große Berliner Zeitschriften zwischen 1928 und 1945

Berliner Illustrirte Zeitung, (BIZ), Berlin

39. Jahrgang
Nr. 10, 9. März 1930
17, 27. April 1930
25, 22. Juni 1930
29, 20. Juli 1930
40. Jahrgang
Nr. 35, 30. August 1931
41. Jahrgang
Nr. 5, 7. Februar 1932
37, 18. September 1932
42. Jahrgang
Nr. 21, 28. Mai 1933
24, 18. Juni 1933
31, 6. August 1933
36, 10. September 1933
43. Jahrgang
Nr. 5, 4. Februar 1934
13, 31. März 1934
28, 15. Juli 1934
31, 5. August 1934
44. Jahrgang
Nr. 2, 10. Januar 1935
3, 17. Januar 1935
8, 21. Februar 1935
45. Jahrgang
Nr. 15, 8. April 1936
27, 2. Juli 1936
41, 8. Oktober 1936
46. Jahrgang
Nr. 29, 22. Juli 1937
47. Jahrgang
Nr. 14, 7. April 1938
29, 21. Juli 1938
47, 24. November 1938
53. Jahrgang
Nr. 30, 27. Juli 1944

Die Dame, Berlin

58. Jahrgang
Nr. 3, November 1930
60. Jahrgang
Nr. 10, Februar 1933
63. Jahrgang
Nr. 17, Juli 1936

64. Jahrgang
Nr. 17, August 1937
65. Jahrgang
Nr. 14, Juli 1938
66. Jahrgang
Nr. 14, Juli 1939
19, September 1939
68. Jahrgang
Nr. 2, Januar 1941

Koralle, Berlin

17. Mai 1934
1. Oktober 1934
18. Oktober 1934
9. Juli 1938
17. Juli 1938
28. Januar 1940
11. August 1940

Der Querschnitt, Berlin

8. Jahrgang
Nr. 3, März 1928
4, April 1928
7, Juli 1928
10, Oktober 1928
11, November 1928
9. Jahrgang
Nr. 1, Januar 1929
5, Mai 1929
6, Juni 1929
7, Juli 1929
9, September 1929
11, November 1929
10. Jahrgang
Nr. 6, Juni 1930
11. Jahrgang
Nr. 10, Oktober 1931
11, November 1931
12. Jahrgang
Nr. 1, Januar 1932
5, Mai 1932
7, Juli 1932
9, September 1932
13. Jahrgang
Nr. 1, Januar 1933
3, März 1933

UHU – das Monatsmagazin, Berlin

4. Jahrgang
Nr. 7, April 1928
5. Jahrgang
Nr. 5, Februar 1929
7, April 1929
8, Mai 1929
6. Jahrgang
Nr. 2, November 1929
8, Mai 1930

7. Jahrgang
Nr. 4, Januar 1931
9, Juni 1931
8. Jahrgang
Nr. 4, Januar 1932
6, März 1932
7, April 1932
8, Mai 1932
9, Juni 1932
10, Juli 1932
11, August 1932
12, September 1932
9. Jahrgang
Nr. 1, Oktober 1932
4, Januar 1933
5, Februar 1933
6, März 1933
8, Mai 1933
10, Juli 1933
11, August 1933
12, September 1933
14, November 1933
15, Dezember 1933
10. Jahrgang
Nr. 1, Januar 1934
3, März 1934
4, April 1934
5, Mai 1934
6, Juni 1934

Die Woche, Berlin

31. Jahrgang
Nr. 45, 9. November 1929
52, 28. Dezember 1929
32. Jahrgang
Nr. 32, 9. August 1930
38, 20. September 1930
49, 6. Dezember 1930
33. Jahrgang
Nr. 21, 23. Mai 1931
41, 10. Oktober 1931
42, 17. Oktober 1931
34. Jahrgang
Nr. 12, 19. März 1932
17, 23. April 1932
52, 24. Dezember 1932
35. Jahrgang
Nr. 41, 14. Oktober 1933
44, 4. November 1933
48, 2. Dezember 1933
36. Jahrgang
Nr. 17, 28. April 1934
22, 2. Juni 1934
26, 30. Juni 1934
34, 25. August 1934
37. Jahrgang
Nr. 10, 9. März 1935

39. Jahrgang
Nr. 11, 17. März 1937
40. Jahrgang
Nr. 23, 8. Juni 1938
29, 20. Juli 1938
46, 16. November 1938
41. Jahrgang
Nr. 24, 14. Juni 1939
26, 28. Juni 1939
42. Jahrgang
Nr. 6, 7. Februar 1940
17, 24. April 1940
44, 30. Oktober 1940
43. Jahrgang
Nr. 19, 7. Mai 1941
23, 4. Juni 1941
31, 30. Juli 1941
45. Jahrgang
Nr. 20, 19. Mai 1943
37, 15. September 1943
46. Jahrgang
Nr. 1, 5. Januar 1944
6, 9. Februar 1944
23, 7. Juni 1944
24, 14. Juni 1944
33, 16. August 1944

B. Einzelveröffentlichungen (Auswahl) in:

Allgemeiner Wegweiser, Illustrierte Zeitschrift, Berlin
European Photography Fotomagazin, München (August 1959)
Fotoprisma, Stuttgart
Frankfurter Illustrierte, Frankfurt/M.
Die Frau von heute
Geländewagen, Berlin
Heute – Eine illustrierte Zeitung, Berlin
Die Illustrierte, Essen
Die Illustrierte Berliner Zeitung, IBZ
Das Illustrierte Blatt, Frankfurt/M.
Köln, Zeitschrift der Freunde der Stadt, Köln
Kölner Illustrierte, Köln
Kosmos, Stuttgart
Kunstblatt, Berlin
Kunstforum international, Mainz (später Köln)
Der Kurier, Berlin
Lilith, Berlin und Stuttgart
Das Magazin, Berlin
Mama, München
Neue Frankfurter Illustrierte, Frankfurt/M.
Neue Illustrierte Zeitung, Berlin

die neue linie, Berlin
Olympische Rundschau, Berlin
PAN, Berliner Magazin, Berlin
Photo, München (September 1982)
Photoblätter, Berlin
Photo-Revue, München (Oktober 1982)
Reichssportblatt, Berlin
Der Satrap – Blätter für die Freunde der Lichtbildkunst, Berlin (1930!)
Scherl's Magazin, Berlin
Die Schönheit, Berlin
Sonniges Land – Freikörperkultur in 100 deutschen Städten
Der Spiegel, Hamburg (28. 7. 1980)
Stern, Hamburg (18. 9. 1982)
Volk und Welt, Hannover
ZOOM, München (Sept. 1982)

II. ANTHOLOGIEN (Bildveröffentlichungen, chronologisch)

Das Tier im Bild, Berlin 1929, 1930
Tiere um uns, Berlin 1930
Menschen auf der Straße, Stuttgart 1931
Bêtes-Images du Monde, Paris 1931
Brehms Tierleben, Leipzig 1952
Liebesspiele der Tiere, Wittenberg/Lutherstadt 1954
Lachende Kamera, Hg.: E. J. Klinsky u. H. Reich, München 1959
Hans von Boetticher: *Fasanen, Pfauen, Perlhühner u. andere Zierhühner,* Reutlingen o. J. (um 1960)
Heinrich Dathe: *Tierkinder aus Zoologischen Gärten,* Wittenberg/Lutherstadt 1962
Mit offenen Augen durch den Zoo, Hg.: Erich Tylinek, mit Texten von Wolfgang Ullrich, Wittenberg/Lutherstadt 1963
Fritz Kempe: *Fetisch des Jahrhunderts,* Düsseldorf/Wien 1964
Volker Kahmen: *Fotografie als Kunst,* Tübingen 1973
150 Jahre Fotografie, Mainz 1977
Van deren Coke: *Avantgarde Fotografie in Deutschland 1918–1939,* München 1982 (Übers. des Ausstellungskataloges, San Francisco 1980)
Alltagskultur/Industriekultur: Protokoll einer Tagung vom 15. 1. bis 17. 1. 1982 Berlin (West). Fotos: Friedrich Seidenstücker, Berlin 1945–1950. Hg.: Museumspädagogischer Dienst, Berlin 1982

III. PERIODIKA/JAHRBÜCHER, NACHSCHLAGEWERKE, LEXIKA
(Bildveröffentlichungen)

Das Deutsche Lichtbild, Hg.: Robert u. Bruno Schulz, Berlin 1927–1939 (Jahresbände 1930–1938)
Photographie, Sonderausgaben von Arts et Métiers Graphiques, Paris 1930–1939 und 1947 (Sonderhefte 1932, 1933/34 und 1935)
Photography Yearbook, London 1935
Lexikon der Fotografen, Hg.: Jörg Krichbaum, Frankfurt/M. 1981
Encyclopédie Internationale des Photographes de 1838 à nos jours, Hg.: Michèle und Michel Auer, Genève 1985
Der Große Brockhaus, mehrere Ausgaben (Bebilderung Tiere)

IV. PORTFOLIOS/MAPPEN, KALENDER, POSTKARTENSERIEN

Friedrich Seidenstücker – 10 Fotografien, Galerie Wilde (Köln) 1978, Auflage: 50 Exemplare
Kosmos Bildkalender (Stuttgart) 1939, 1940 und 1941
Spemanns Foto-Kalender (Berlin) 1941

V. MONOGRAFIEN
(in chronologischer Reihenfolge, alle posthum erschienen)

Friedrich Seidenstücker 1882–1966, Hg.: Gabriele und Helmut Nothhelfer; Berlin: Galerie und Verlag A. Nagel, 1980
Friedrich Seidenstücker, Von Weimar bis zum Ende – Fotografien aus bewegter Zeit, Hg.: Ann und Jürgen Wilde; Dortmund: Harenberg, 1980
Das Berliner Zoo-Album, Hg. (und Einleitung): Werner Kourist, Fotos von Friedrich Seidenstücker, Text: Werner Philipp, Vorwort: Heinz-Georg Klös; Berlin: Nicolai, 1984
Friedrich Seidenstücker: Von Tieren und von Menschen, Hg.: Werner Kourist; Berlin: Nishen, 1986

(Zus.-gest. von Anna Neusüss)

Im Grunewald 1960 (Eigenaufnahme)
(Aus: Berlinische Galerie)

AUTOREN

Roland Klemig gründete das bpk im Jahre 1966 und leitete es bis zum 31.1.1987. Er ist verantwortlich für die Ausstellung zu Friedrich Seidenstücker, die am 8. Mai 1987 in der Staatsbibliothek Preußischer Kulturbesitz in Berlin eröffnet und in zahlreichen anderen Städten gezeigt werden wird; wie er den Nachlaß Seidenstückers für das bpk erwarb, schildert er als Autor.

Karl Heinz Pütz ist sein Nachfolger und verantwortlich für die Endredaktion dieses Bandes. Weitere Autoren sind:

Janos Frecot, geb. 1937; Diplom-Bibliothekar, u.a. Geschäftsführer des Werkbund-Archivs und Sekretär der Abt. Bildende Kunst an der Akademie der Künste in Berlin. Veröffentlichungen zur Fotogeschichte und zu stadtkritischen Themen; eigene Fotografien und Ausstellungen. Frecot leitet das Archiv und die Fotografische Sammlung der Berlinischen Galerie.

Werner Kourist, geb. 1927; Zoo- und Kulturhistoriker; Sammler u.a. zur Zoogeschichte, Fotografie, Volkskunst etc. Veröffentlichungen und Ausstellungen (vor allem zu Friedrich Seidenstücker). Kourist lebt als Sammler in Linz am Rhein.

Rolf Lobeck, geb. 1945; Studium an der Kunstakademie Hamburg und der Hochschule für Gestaltung in Ulm. Experimentelle Videoarbeiten. Veröffentlichungen zur Kunst und Fotografie der Gegenwart. Lobeck ist Professor an der Kasseler Kunstakademie und Hg. der Zeitschriften *Nordsüdbaugefälle* und *Lagerzeitung*.

Floris M. Neusüss, geb. 1937; Studium an der Werkkunstschule Wuppertal, der Bayerischen Staatslehranstalt für Photographie in München und der Hochschule der Künste in Berlin. Experimentelle Fotoarbeiten/Fotogramme. Neusüss gibt die Schriftenreihe *Medium Fotografie* heraus, leitet die Hochschulgalerie *Fotoforum Kassel* und lehrt an der dortigen Kunstakademie.

Anna Neusüss, geb.1967. Sie studiert Ethnologie und Religionswissenschaften an der Freien Universität Berlin.

Der Bildteil I wurde von Heidrun Klein, Roland Klemig und Karl Heinz Pütz zusammengestellt. Frau Klein ist seit 15 Jahren stellv. Leiterin im bpk. Die Zusammenstellung des Bildteils II wurde von Rolf Lobeck und Floris M. Neusüss besorgt.